Wilhelm Schuppe

Das Recht des Besitzes

Zugleich Kritik des Entwurfes eines bürgerlichen Gesetzbuches für das deutsche

Reich

Wilhelm Schuppe

Das Recht des Besitzes
Zugleich Kritik des Entwurfes eines bürgerlichen Gesetzbuches für das deutsche Reich

ISBN/EAN: 9783743653788

Hergestellt in Europa, USA, Kanada, Australien, Japan

Cover: Foto ©Suzi / pixelio.de

Weitere Bücher finden Sie auf **www.hansebooks.com**

Das Recht des Besitzes

zugleich

Kritik des Entwurfes eines bürgerlichen Gesetzbuches
für das deutsche Reich

von

Dr. Wilhelm Schuppe,

Professor der Philosophie an der Universität Greifswald.

Breslau.
Verlag von Wilhelm Koebner.
1891.

Rec. April 10, 1877

Vorwort.

Wer sich davon überzeugt hat, dass die Rechtswissenschaft der philosophischen Grundlage bedarf, und sieht, wie weitreichend und tiefeinschneidend die Konsequenzen aus dieser sind, wird auch diesem Versuche über das Recht des Besitzes Interesse entgegenbringen und die rechtsphilosophischen Grundgedanken mit ihren Folgerungen, auf welche allein es mir ankommt, zu verwerten geneigt sein.

Die ausführliche Polemik gegen Ihering hielt ich deshalb für geboten, weil seine glänzende Darstellungsgabe und eindringliche Ueberredungskunst nicht nur seinen geistvollen historischen Auffassungen, nicht nur seinen vortrefflichen, sondern auch seinen minderwertigen Gedanken in weitesten Kreisen Eingang zu verschaffen geeignet ist. Ich habe an dieser Polemik kein anderes Interesse, als das rein sachliche, dass in der scharfen Entgegensetzung der Folgerungen die Principien und Schlussweisen möglichst klar hervortreten. Dass ich ihm trotz aller Widerlegungen viel zu verdanken habe, bekenne ich gern.

Durch die ganze Besitz- und einschlägige Entwurfliteratur mich durchzuarbeiten war mir unmöglich. Aber auch von denjenigen Schriftstellern, welche ich — meist nach Fertigstellung des Textes meiner Arbeit — gelesen habe, habe ich nur wenige genannt. Es ist ja freilich auch für mich wichtig, dass andere auf anderen Wegen zu teilweis gleichen Resultaten gelangt sind, und ich hatte selbst den Wunsch, auf sie hinweisen zu können. Dennoch habe ich mich nicht zu der Arbeit entschliessen können, nachträglich überall Bemerkungen über teilweise Uebereinstimmung und teilweise Differenz der Ansichten einzuschieben. Den Zeitmangel allein, an dem ich in hohem Grade leide, würde ich nicht als Entschuldigung anzuführen wagen. Aber ein anderer Umstand kommt hinzu, welcher es verzeihlicher erscheinen lässt, dass ich mich von jenem zu der Unterlassungssünde bewegen liess, der nämlich, dass bei meiner Arbeit doch alles Gewicht allein auf der philosophischen Ueberlegung liegt, welche zu den Ergebnissen führt, und dass ich gar nicht die Absicht hatte, meine Arbeit als eine gleichartige neben jene specifisch juristischen zu stellen, sondern nur zeigen wollte, was aus meinen Voraussetzungen hervorgeht.

Jedenfalls hoffe ich, auch wenn mir die erbetene Entschuldigung nicht vollständig zu teil werden sollte, vor Missdeutungen meiner Gesinnung sicher zu sein.

Greifswald.

Wilhelm Schuppe.

Einleitung.

Gegenstand rechtlicher Normirung können Sachen nur sein, insofern sie von Menschen in ihren Dienst genommen werden, ihren Interessen dienen, für sie Lust- oder Unlustquellen sind. Und da ihr Wille gemeinhin der sichere Anzeiger ihrer Interessen ist, so sind die Sachen Objekt des Rechts nur als Objekt menschlichen Willens („Begriff des subj. Rechts" S. 39—48). Sie kommen also auch nur als Objekte menschlicher Gebrauchs- und Benützungshandlungen in Betracht. „Grundzüge der Ethik u. R." S. 296 Begriff des subj. Rechts S. 176 ff. Nach diesen Voraussetzungen ist der Grundbegriff des ganzen Sachenrechts der der Benützung oder des Genusses oder des Gebrauchs von Sachen. „Benützung" verstehe ich immer im weitesten Sinne*), und jede Verfügung über die Sache ist Benützung. Sie kann eine direkte und indirekte sein. Vgl. ibid. S. 177. Das Recht wird also bestimmen, wer jedesmal über welche Sache zu verfügen, sie zu benützen hat. Also um Benützungsrechte allein handelt es sich und um die Merkmale, an welchen erkannt werden soll, wem sie zustehen.

Wenn Ihering, „Grund des Besitzesschutzes", S. 224 sagt, „die Erfordernisse des konkreten Besitzes reduciren sich auf den Gesichtspunkt des dem Eigentum entsprechenden äusseren Verhältnisses zur Sache" und überhaupt den ganzen Besitzesbegriff sozusagen nach dem Ebenbilde des Eigentums konstruirt oder

---

*) Vgl. meine Besprechung von Fuchs' „Wesen der Dinglichkeit" in der Krit. Vierteljahresschrift N. F. Bd. XIV H. 2 S. 202—204.

an den Begriff des letzteren anlehnt, ibid. S. 160, 143, 189, 199, 42, so muss ich zwar sachlich beistimmen, aber doch hervorheben, dass diese Bestimmung nur dann von Wert ist, wenn der Begriff des Eigentums an sich klarer ist, als der des Besitzes. Gewonnen haben wir dabei nur dann etwas, wenn, nach meiner Erklärung des Eigentums, der Inhalt dieses Rechtes ausschliesslich in Benützungshandlungen resp. dem Inbegriff aller erdenklichen Benützungen gefunden wird.

Die Begriffe Eigentum, Besitz, Detention oder Inhabung, welche im Sachenrecht die Hauptrolle spielen, sind auf dieses Grundelement oder diesen Grundbegriff zurückzuführen, ohne ihn nicht verständlich. Oft scheint es, als wenn man gewisse Rechte als Folgen aus den Begriffen Eigentum, Besitz, Inhabung ableiten zu können dächte. Dann entsteht die Frage: aber was ist Eigentum, was Besitz, was Detention? Und wie will man das entscheiden? Es giebt kein Mittel. Sie sind nicht natürliche Dinge, aus welchen natürliche Wirkungen hervorgingen. Aus sich selbst entnimmt das Recht das Prinzip, welches die Benützung der Dinge regeln soll, zu regeln im Stande ist. Aus ihm werden die Merkmale, an welche die Benützungsrechte geknüpft sind, sich ergeben.

Es ist falsch zu fragen: hat der Finder Besitz? hat der Herr des entlaufenen Sklaven noch den Besitz an ihm? hat derjenige, welcher einem andern eine Sache aus der Hand nimmt und sogleich in seine Tasche steckt, den Besitz an ihr? hat der Okkupant des Grundstückes eines Abwesenden bevor letzterer von der Okkupation Kunde erhalten hat, Besitz? Das historische Interesse lässt allerdings diese Fragen aufwerfen, aber ihre Beantwortung hat auch nur historisches Interesse. Es ist wichtig zu wissen, was die Römer sich dabei gedacht haben, resp. was ihnen, ohne zu exakter, theoretischer Formulirung zu kommen, dabei vorgeschwebt hat. Rechtsphilosophisch ist zu fragen: an welche Merkmale oder Bedingungen knüpft das objektive Recht die und die und die Sachbenützungsrechte?

Ihering's Wort „Grund des Besitzesschutzes" S. 185 (vgl. auch 143 f.) „wo aus praktischen Gründen (aber welches sind diese? darüber unten sogleich) Besitzesschutz zu gewähren ist, ist der Zustand der Sache vom Juristen als Besitz zu bezeichnen" stimmt jedenfalls so weit mit dem Vorgetragenen über-

ein, dass nicht zuerst (aussichtslos) auf den Begriff „des Besitzes"
zu fahnden ist, um dann aus ihm Rechtswirkungen abzuleiten.
Ihering kommt in der Kritik dieser Versuche auf den glücklichen
Gedanken, die Sache umzukehren. Für mich war aus allen meinen
Voraussetzungen dieser Standpunkt gegeben und das einzig Mög-
liche. Nun, nach Lesung seines „Besitzwillen" und „Grund des
Besitzesschutzes" freue ich mich der (wenn auch nur partiellen)
Uebereinstimmung, weil ich in ihr eine Bestätigung jener Voraus-
setzungen und meines ganzen rechtsphilosophischen Standpunktes
erblicke.

Wenn so wichtige Lehren sich ungesucht als selbstverständliche Folgerung aus ihm ergeben, so müsste dieses eine doch schon
hinreichen, um ihm und seinen weiteren Konsequenzen die Be-
achtung der Fachmänner zu sichern. Ihering's Behauptung, wie
überzeugend sie auch ist, schwebt ohne ihn in der Luft. Grade
ihre überzeugende Kraft hat sie nur aus der, wenn auch von
Ihering selbst wie von seinen Konsentienten mehr gefühlten als
klar erkannten Voraussetzung, dass die Principalfrage nur die
sein kann: an welche Merkmale und Bedingungen knüpft das
objektive Recht das, sei es absolut, sei es nur relativ geschützte,
sei es uneingeschränkte, sei es in bestimmter Weise eingeschränkte
Recht auf Genuss einer Sache? Aus dem Grundprincip des
Rechts (mit seinen oft erwähnten Determinationen) ergeben sich
die (wie Ihering sagt), „praktischen" Rücksichten — und sie
ergeben sich nur aus ihm, — aus welchen das Recht „Besitzesschutz" gewährt. Doch wenn der Begriff des Besitzes fraglich
ist, ist es auch der des „Besitzesschutzes", weshalb die Rück-
führung auf die einfacheren Elemente des Rechtes auf Sachbenützungen geboten ist. Also nur wenn wir die Frage: was
ist Besitz? um, da Besitz nun einmal geschützt werden solle,
in den Fällen seiner Anwesenheit auch Schutz desselben zu
verlangen, ablehnen, nur wenn wir an Stelle dieser Frage die
andere als Principalfrage stellen: „an welche Merkmale muss
das Recht aus seinem Grundprincip seinen Willen knüpfen, oder
in welchen Fällen muss es den Willen haben, dass ein Subjekt
den dauernden oder nur zeitweisen, uneingeschränkten oder
irgendwie eingeschränkten, gegen alle ohne Vorbehalt, oder nur
mit Vorbehalt geschützten Genuss einer Sache habe?" nur dann
ist auch Ihering's oben gebilligte Behauptung gerechtfertigt.

Die tatsächlichen Benützungen resp. die Rechte auf sie als die letzten einfachsten Elemente des Sachenrechts anzusehen, kann übrigens auch für Ihering kein fremder Gedanke sein. Denn wenn er den Besitz die Tatsächlichkeit des Eigentums nennt und „Grund" S. 179 sagt: „Unter der Tatsächlichkeit des Eigentums verstehe ich den normalen äusseren Zustand der Sache, in dem sie ihre ökonomische Bestimmung erfüllt, dem Menschen zu dienen", so ist doch wol jeder Dienst, den die Sache dem Menschen leistet, eine Benützung derselben durch den Menschen. Er streift oft den angegebenen Standpunkt, aber hält ihn nicht principiell fest. Es widerstreitet ihm, wenn er, Besitzwille S. 516 f., die Befugniss des Vermieters einer Sache auf bestimmte Zeit, z. B. eines Opernguckers für die Dauer der Vorstellung und dergl., nach Ablauf dieser Zeit Eigenmacht anzuwenden lieber aus dem Recht des Forderungsberechtigten in Notstandsfällen (l. 10 § 16 quae in fr. cred. [42, 8] § 189 des „Entwurfs") erklären, als „zu der wenig anmutenden Idee einer Verwandlung des bisherigen Besitzes des Entleihers in Detention seine Zuflucht nehmen" will.

Wenn ich mir einen realen Verwandlungsvorgang, etwa wie sie Ovid in den Metamorphosen erzählt, dabei denken müsste, so würde auch mich diese Idee „wenig anmuten". Aber nach meiner Rechtsphilosophie sind Besitz und Detention nicht reale Zustände, etwa wie der Zustand der Festigkeit und der der Flüssigkeit, in welchem Körper sich befinden, oder der Zustand der Angeregtheit, der gespannten Aufmerksamkeit, der Lustigkeit, der Schlaffheit, Zerstreutheit, Depression, Traurigkeit, in welchem Menschenseelen sich befinden. Und die Gewährung oder Nichtgewährung eines bestimmten Schutzes geht nicht als Rechtsfolge aus diesen Zuständen des Besitzes oder der Detention hervor. Vielmehr ist Besitz oder Detention dann vorhanden, wenn die Rechtsordnung Grund findet, diesen Schutz zu gewähren oder zu versagen oder m. a. W. Besitz und Detention sind nur Ausdrücke dafür, dass in bestimmten Fällen jener Schutz gewährt ist oder nicht.

Es könnte jemand, um diese meine Auffassung zu widerlegen, darauf verfallen, die Umstände und Merkmale, an welche die Rechtsordnung Gewährung oder Versagung knüpft, als die dennoch realen Zustände des Besitzes und der Detention angesehn wissen zu wollen. Gewiss können wir, wenn diese Umstände vorhanden sind, und mit ihnen die Gewissheit des gewährten oder nichtgewährten Schutzes, sagen, dies heisse es, dass jemand Besitz oder nur Detention habe. Aber dann sind die an die gemeinten Umstände geknüpften Rechtsfolgen immer schon mitgedacht. Aber die Hauptsache ist: wer es so meint, wird an „der Verwandlung" von Besitz in Detention und umgekehrt, und wenn sie auch blitzschnell vor sich gehen sollte, gar keinen Anstoss nehmen. Das Weniganmutende ist nur vorhanden, wenn die rechtlichen Zustände wie reale gedacht werden, welche nicht leicht so schnell in einander übergehen können, etwa Festigkeit in Flüssigkeit, Traurigkeit in Lustigkeit. Eine solche Verwandlung findet gar nicht statt. Wenn Besitz und Detention jene Umstände und Merkmale bedeuten, an welche der objektive Rechtswille die gemeinten Folgen knüpft, so ist nicht abzusehen, warum die Veränderung dieser (entweder Besitz oder nur Detention bedingenden) Umstände, z. B. das Ende der Vorstellung, für deren Dauer der Operngucker gemietet war, eine Schwierigkeit haben soll, wieso eine Verwandlung derselben eine wenig anmutende Idee sein könnte, da doch, mag es anmuten oder nicht, die Zeit unbarmherzig abläuft und der Vorhang fällt — ein brutales Faktum, keine Annahme. Und wenn andererseits Besitz und Detention nur der Name für die Rechtswirkungen, d. i. die bestimmten Wollungen des objektiven Rechtes sind, so kann wiederum „die Verwandlung" keine Schwierigkeit machen. Wir wissen ja, dass der Wille immer von bestimmten Umständen und Bedingungen abhängt, sich im Augenblick mit diesen ändert, ihnen anpasst.

„Das Recht des Forderungsberechtigten in Notstandsfällen" ist doch auch gar nichts anderes, als ein Wille des objektiven Rechts, der sich eben den besonderen Umständen, dem Notstandsfall anpasst. Es handelt sich um das Recht, Gewalt zu üben, dem Mieter des Operngucker denselben, nachdem sein Benützungsrecht mit dem Ende der Vorstellung erloschen ist, wenn er ihn nicht von selbst abgibt, mit Gewalt aus der Hand zu nehmen, wie wir das entsprechende Recht auch gegen den Gepäckträger haben, der das Gepäck, nachdem es an den Bestimmungsort getragen hat, nicht herausgeben will. Auch letzterer Fall ist ein Notstandsfall, und auch der Besitzherr wird das Recht zu gewalttätigem Eingriff erst haben, wenn sein Geheiss nichts hilft, oder von vorherein aussichtslos zu sein scheint. Wenn das Wort

Detention für diejenigen Verhältnisse ausersehen ist, in welchen das Recht des Besitzherrn zur Eigenmacht von vornherein in der Entstehung der Detention oder der tatsächlichen Gewalt über das Ding mitgesetzt ist, zu welchen Fällen unser Beispiel vom Operngucker nicht gehört, so mag Ihering darin Recht haben, dass wir in letzterem dem Vermieter nicht das Recht des Besitzherrn gegen den Detentor, sondern „das Recht des Forderungsberechtigten in Notstandsfällen" zusprechen müssen. Aber dann ist diesem Sprachgebrauch gegenüber Verwandlung des Besitzes in Detention eben eine einfache Unmöglichkeit, nicht blos eine „wenig anmutende Idee".

Ehe ich weiter gehe, muss ich noch eine andere Ansicht Ihering's erwähnen, welche gleichfalls dem von mir aufgefundenen Princip widerspricht. Es ist seine Lehre von der „begrifflichen Unabhängigkeit des Besitzes vom Eigentum und der begrifflichen Abhängigkeit des Eigentums vom Besitze" Besitzwille S. 326.

„Der Besitzbegriff ist das begriffliche Prius, der Eigentumsbegriff das begriffliche Posterius", heisst es ibid. Auch historisch sei „die Idee des Besitzes der des Eigentums vorangegangen S. 328, was auch die Ansicht der römischen Juristen gewesen sei, wofür l. 1 § 1 de A. R. D. (41 1) *dominium rerum ex naturali possessione coepisse* angeführt wird. „Der Fehler" heisst es weiter S. 378 „den die Subjektivitätstheorie mittelst Aufstellung des *animus domini* begeht, lässt sich jetzt mit einem Worte bezeichnen: logisches ὕστερον πρότερον. Ein späterer Begriff: der Eigentumsbegriff wird herangezogen um einem früheren: dem Besitzbegriff auszuhelfen, eine Anleihe des Besitzes beim Eigentum, das begrifflich noch gar nicht da ist, wenn jener schon in die Notwendigkeit versetzt ist, sich über den für ihn erforderlichen Willen schlüssig zu werden." Und 329 soll der Eigentumsbegriff den Besitzesbegriff „zur Voraussetzung haben". Früher („Grund etc.") hat Ihering selbst und zwar mit starker Betonung des glücklichen Fundes den Begriff des Besitzes durch Zuhülfenahme des Eigentumsbegriffs definirt, wenn er *omnia ut dominum gessisse* für das entscheidende Kennzeichen, den Besitz als Tatsächlichkeit und Sichtbarkeit des Eigentums erklärt. Ich halte seine frühere Ansicht für die richtigere. Die Ansicht der römischen Juristen wäre in diesem Punkte, was übrigens Ihering selbst zugibt, für uns irrelevant, aber die angeführte Stelle spricht nicht einmal für seine Ansicht. Die *naturalis possessio* daselbst ist die reine Tatsache, dass die Menschen von jeher, — denn ohne dies könnten sie nicht bestehen — also auch schon vor Entstehung eines Rechtszustandes sich der Dinge zur Erhaltung des Lebens und zur Befriedigung ihrer Bedürfnisse bedient haben. Was jeder brauchte, nahm er, wo er es fand, und wenn er es öfter zu brauchen vorhatte oder wenn es ihm aus irgend einem Grunde so gefiel, behielt er es in seiner Nähe oder hielt sich in seiner Nähe. So lange der vorhandene Vorrat für alle genügte, lässt sich denken, dass jeder, wenn nicht aus Gutmütigkeit, so doch schon aus Bequemlichkeit lieber ein anderes gleichwertiges Ding zur Befriedigung seiner Bedürfnisse ergriff, als um jenes, welches schon ein anderer ergriffen hatte, zu kämpfen. Dass es dennoch zu Streit gekommen sein mag, lässt sich gleichfalls denken. Sobald nicht mehr die blosse Gewalt entschied, sondern ein Gefühl von einem Richtigen und Rechten, welches, wenn auch ganz ohne Reflexion, in den Genossen gleichmässig und übereinstimmend sich regte, des Inhaltes, dass der erste, der das Ding zu seinem Genusse ergriffen hatte, es auch geniessen sollte, nicht aber der andere, welcher es ihm wegnehmen wollte oder wegzunehmen begonnen hatte, war aus der blossen Tatsache des natürlichen Besitzes ein Recht geworden, aber lange nicht das Recht des Besitzes im technischen Sinne im Gegensatz zu dem Rechtsinstitut des Eigentums, sondern viel eher das des Eigentums; denn ein besseres Recht wäre in diesem Falle doch nicht denkbar.

Die Tatsache des natürlichen Besitzes mag für den erwachenden Rechtswillen bei dem fingirten ersten Verteilungsakt das entscheidende Motiv gewesen sein, indem er erklärte: was nun jeder tatsächlich hat, d. h. tatsächlich benützt, das soll er fortan ungestört fortbenützen und in dieser Benützung gegen jeden andern geschützt sein. Aber das ist oder das wäre doch etwas ganz anderes, als das Recht des Besitzes; es wäre das Recht des Eigentums, und der bisherige tatsächliche Besitz wäre der Grund, aus welchem das Recht (in Ermangelung anderer Handhaben für die beabsichtigte Regulirung) dem Besitzer das Eigentum an der besessenen Sache zuspräche.

Versteht man unter Besitz die reine Tatsache, dass jemand eine Sache benützt, so ist dieser Besitz allerdings früher als das Eigentum, früher als jede rechtliche Qualificirung von Tatsachen, aber nicht der Begriff des Besitzes als eines Rechtes ist früher, als der des Eigentums oder als Moment in ihm enthalten. Dieser gedachten blossen Tatsache steht gegenüber die Rechtsordnung, welche Genuss und Benützung der Dinge von Seiten der zusammenlebenden Menschen regeln will. Dass geniess- und benützbare Dinge und dass Menschen, welche ihrer bedürfen und ihren Willen auf sie richten vorhanden sind, ist dabei freilich vorausgesetzt, aber diese Voraussetzung kann Ihering doch nicht gemeint haben. Haben wir aber an die normirende verteilende Rechtsordnung zu denken, so kann doch nichts klarer sein, als dass sie, wenn sie überhaupt ihren Zweck erreichen soll, entscheidende Merkmale und Kennzeichen festsetzen muss. Was hiesse sonst „regeln, ordnen", wenn nicht definitive Entscheidungen über die Benützungsrechte der einzelnen gedacht würden? Kann es ihnen gegenüber ein besseres Recht geben? Sie begründen Eigentum, und wenn wir ausser diesem Recht noch ein Sachbenützungsrecht mit Vorbehalt zu Gunsten eines etwaigen Besserberechtigten denken, so ist in diesem Begriffe der des Eigentums der definitiv entscheidenden Norm, als Moment enthalten. Grade umgekehrt, als Ihering meinte, ist das Eigentum, ist das Ganze, welches durch den Vorbehalt eingeschränkt wird, die begriffliche Voraussetzung, ohne welche die Einschränkung gar nicht verständlich wäre. Vielleicht war in älteren Entwicklungsstadien der Gegensatz zwischen Besitz und Eigentum überhaupt nicht ausgeprägt. Aber dann wäre es doch auch nicht möglich von einer begrifflichen Priorität des Besitzes vor dem Eigentum zusprechen. Wenn auch die Rechtsordnung Genuss und Benützung der Dinge nicht uneingeschränkt schützten, wenn es auch festes Eigentum in unserem Sinne nicht gab, so waren doch, wenn überhaupt ein Rechtswille die Sachbenützungen regelte, Normen da, welche in jedem Falle eine bestimmte Entscheidung ohne Vorbehalt ermöglichten.

Möglich, dass bei bestimmten Arten von Dingen z. B. dem Grund und Boden einst der ursprüngliche Rechtswille nur direkte Benützung, keine Veräusserungsbefugniss zugestand, möglich auch, dass er sie nur auf Zeit erteilte, um dann wieder eine neue Verteilung vorzunehmen. Aber dann war der Berechtigte auch in seinem Recht in der bestimmten Zeit gegen jeden andern absolut geschützt; von dem Vorbehalt, dass ein Besserberechtigter sich melden könnte, war keine Rede.

Alles blosse Besitzrecht ist also nur zu verstehen unter der Voraussetzung eines Rechtswillens, welcher den Genuss der Dinge unter die Subjekte verteilt, in welcher Zuerteilung das denkbar beste Recht liegt, bei welcher zu einer Unterscheidung besseren und schlechteren Genussrechtes kein Anhalt ist.

Ihering fragt zur Begründung seiner Lehre, ib. S. 327, „in welcher Gestalt ist dem Menschen zuerst die Idee des rechtlichen Gehörens der Sache aufgegangen, in der beschränkten der Behauptung der Sache gegen denjenigen, der sie ihm zu entziehen sucht oder entzogen hat, oder in der unbeschränkten absoluten eines Anspruchs gegen jeden, bei dem er die Sache trifft?" Was Besitz im Gegensatz zum Eigentum ist, verbirgt sich bei dieser Frage. Als die Idee des rechtlichen Gehörens aufging, hat sie in nichts anderem bestanden, als dem Willen, dass die Sachbenützungen geregelt sein sollen. Nach welchem Grundsatz die Regelung beim ersten Aufdämmern eines Rechtszustandes erfolgt ist, darüber weiss Ihering so wenig Bestimmtes wie ich. Wenn, was er gewiss vermutet, so wie ich auch, die Tatsache vorhandener Sachbenützungen und Beherrschungen dabei entscheidend gewesen ist, so war das, wie ich wiederholen muss, ein Motiv zur Zuerkennung von Eigentum, nicht von Besitz. Was die Hauptsache ist, lässt Ihering's „Behauptung der Sache etc.", in der er den Besitz im Gegensatz zum Eigentum findet, unbestimmt, nämlich ob die Rechtsordnung die „Behauptung" will resp. billigt, blos desshalb, weil einer nun grade soeben die Sache tatsächlich benützt und in seiner Gewalt gehabt hat, oder deshalb, weil sie (die Rechtsordnung) sie ihm aus irgend einem anderen Grunde zugesprochen, zu seinem Genusse bestimmt hat. Dass jener Grund nicht herrschendes Prinzip sein kann, werden wir unten noch sehen, leuchtet auch von selbst ein.

Und mit dieser Hauptsache, welche ich in dem Grunde des Rechtsschutzes fand, („blos weil"), verbindet sich das andere wesentliche Moment, dass nämlich der Schutz, welcher keinen andern Grund hat, selbstverständlich auch nur mit Vorbehalt gewährt werden kann. Fragen wir doch lieber: „in welcher Gestalt ist dem Menschen zuerst die Idee des rechtlichen Gehörens der Sache aufgegangen, in der Beschränkung durch einen Vorbehalt zu Gunsten eines etwaigen Besserberechtigten, oder ohne einen solchen?" Die Antwort wird nicht zweifelhaft sein.

Wenn Ihering, ibid. S. 328, sagt, „der Grundgedanke des
römischen Eigentums ist der absolute Schutz gegen dritte Personen", so werde ich mich wol hüten, mit ihm über historische
Fragen des römischen Rechts zu disputiren. Aber jene obige
Frage (S. 327) „in welcher Gestalt ist dem Menschen etc."
enthält offenbar eine allgemeine Behauptung rechtsphilosophischer
Art, und da darf ich in meiner Polemik von dem Grundgedanken
des römischen Eigentums völlig absehen. Darf ich den Gegensatz zwischen Besitz und Eigentum in dem Vorbehalt zu Gunsten
eines Besserberechtigten in jenem und der Vorbehaltlosigkeit in
diesem sehen, so ist „der Schutz gegen dritte Personen, oder der
Anspruch gegen jeden, bei dem er (der Besitzer) die Sache
trifft", nicht das auszeichnende Merkmal des Eigentums. Denn
auch wenn der Vorbehalt zu Gunsten eines etwaigen Besserberechtigten gemacht wird, kann der Besitz (sc. nach diesem
Begriffe: von den Römern spreche ich nicht) gegen jeden von
den Millionen anderen, die kein besseres Recht aufweisen können,
geschützt sein, nicht blos gegen den direkten Entzieher, sondern
auch gegen jeden andern, „bei dem er die Sache trifft".

Der Gegensatz in seiner Frage: „gegen denjenigen, der sie
ihm zu entziehen sucht oder entzogen hat, oder, gegen jeden
bei dem er die Sache trifft", der ja für viele Leser sehr bestechend sein mag, ist genauer besehen einerseits überhaupt kein
Gegensatz, und andererseits, soweit er es sein kann, nichts beweisend. Er ist überhaupt kein Gegensatz, weil „jeder, bei dem
er die Sache trifft", eben der sein kann, der sie ihm entzogen
hat. Wie soll er es einem, bei dem er die Sache trifft, ansehen,
ob er selbst sie ihm gestohlen hat, oder ob er sie vom Diebe
(redlich oder ebenso unredlich) erworben hat?

Und nichts beweisend ist dieser Gegensatz, wenn man an
die andern denkt, welche von dem Entzieher irgendwie erworben
haben können. Denn es versteht sich allerdings ganz von selbst,
dass, wenn jeder der von der Rechtsordnung, sei es ohne, sei es
mit Vorbehalt, ein Sachbenützungsrecht erhalten hat, selbstverständlich gegen alle andern (mit Ausnahme des Besserberechtigten)
geschützt ist, zuerst gegen denjenigen, der ihm direkt die Sache
entziehen will oder entzogen hat, und dann erst gegen jeden,
der sie dem Entzieher entzogen oder von ihm erworben hat,
geschützt wird. Denn „jeder andere, bei dem er die Sache

trifft", kann doch eben, als „anderer", sie nur von dem Entzieher haben, direkt oder indirekt. Also ist es eine sog. Binsenwahrheit, dass, wenn die Sache kein „anderer" haben soll, wenn ein Anspruch gegen jeden andern (dritten) als möglich gedacht werden soll, sie selbstverständlich auch kein zweiter, kein dritter Entzieher haben oder mit anderen Worten keiner sie direkt dem Inhaber entzogen haben soll, weil sie sonst ja kein anderer haben könnte. Letzteres ist prinzipiell zuerst verboten, jenes wäre ja sonst überhaupt unmöglich. Wer Iherings Frage schnell bejaht, tut es mit dem guten Grunde, weil der Zweite immer vor dem Dritten, der Dritte immer erst nach dem Zweiten kommt. Dass ein Fortschritt des Rechtsgedankens darin läge, wenn nun endlich in der Entwicklung sich der Gedanke einstellt, dass die Sache, welche zum Genuss dem einen zugesprochen ist, (wenn auch mit Vorbehalt des Besserberechtigten) nicht nur direkt dem Berechtigten nicht entzogen werden, sondern auch von keinem andern, der sie dem Entzieher etwa entzieht, genossen werden soll, muss ich bestreiten. Es ist ein Ungedanke, dass die erwachende Rechtsordnung je gemeint haben könnte, gegen den Zweiten, d. i. gegen den direkten Entzieher habe der Berechtigte einen Restitutionsanspruch, gegen den Entzieher des Entziehers aber nicht. Wenn erst der auf die Regulirung der Sachbenützung gerichtete Wille eintritt, bestimmt er ein Ding zum Genuss des Subjektes, und dann versteht sich von selbst, dass dem Dritten nicht erlaubt ist, was dem Zweiten verboten ist, dass der Dritte kein grösseres Recht auf den Genuss dieses Dinges hat als der Zweite. (Vom Schutz des redlichen Erwerbers ist hier, bei der Prioritätsfrage selbstverständlich abzusehen).

Und sollte wirklich in der Entwicklung des Rechtsgefühls bei einem Volke erst nur das Unrecht des direkten Entziehers zum Bewusstsein gekommen und dann erst lange nachher allmälich der Gedanke erwacht sein, dass der Entzieher des Entziehers diesem und dieser wiederum dem Besitzer, dem er entzogen hatte, zu restituieren habe, die Sache also doch dem letzteren gebühre, aus den Händen des Dritten in die des Ersten zurückwandern müsse, so könnte ich aus den dargelegten Gründen darin noch lange nicht die begriffliche Priorität des Besitzes vor dem Eigentum finden.

Nun ist das Hinderniss, welches sich unserem Unternehmen

entgegenstellte, hoffentlich überwunden. Wir haben uns also der Aufgabe zuzuwenden: wie können wir uns die objektiv-rechtliche Verteilung der Genussrechte denken? an welchem Kennzeichen soll erkennbar sein, was jedem zu Genuss und Verfügung stehen soll? welches Princip kann einer gedachten Verteilung zu Grunde liegen? Auf diesem Wege muss sich auch zeigen, was besseres, was schlechteres Recht, welches doch trotz aller Deteriorität immer noch Recht ist, sein kann.

Ehe ich weitergehe, muss ich auf die rechtsphilosophische Grundlage aufmerksam machen.

Wenn ich von einem Willen des objektiven Rechts spreche, welcher sich darauf richtet, die Sachgenuss- und Benützungsrechte zu verteilen, die Sachgenüsse und Benützungen zu reguliren, so versteht sich ganz von selbst, dass dieser Wille ein Motiv hat und dass dieses, dem Grundwesen des Rechtes gemäss, nur in dem möglichst höchsten erreichbaren Grade von Wolfahrt aller einzelnen, und, wenn diese doch selbstverständlich eines jeden „Interesse" ist, eben in dem Interesse derselben, welches es wahrzunehmen berufen ist, liegen kann. Dieses Motiv des Interesses liegt also allem Sachbenützungsrecht, d. i. dem ganzen Sachenrecht zu Grunde, also sowol dem Eigentum, als auch allen einzelnen Sachbenützungsrechten, als auch dem Besitz, als auch der Detention. Alle Massregeln des Schutzes sollen dem Interesse eines Subjektes dienen, welches eben dadurch der Berechtigte ist. Deshalb ist es nicht der richtige Gegensatz, wenn Ihering „Grund des Besitzesschutzes" S. 102 sagt: „Entnimmt der Besitzesschutz sein legislatives Motiv nicht dem Delikt des Dejicienten, sondern dem Interesse des Besitzers etc." Denn das Dejiciren ist nur deshalb verboten und eben nur deshalb Delikt, weil es ein von der Rechtsordnung mit Schutz bedachtes Interesse schädigt. Dass der Besitzesschutz sein legislatives Motiv nur dem Delikt des Dejicienten, nicht dem Interesse des Besitzers entnehmen könnte, wäre ein ganz unqualificirbarer Gedanke; das Recht müsste sich gänzlich motivlos eigensinnig darauf steifen, dass keiner heimlich oder gewaltsam, also nicht ohne Zustimmung seines gegenwärtigen Benützers ein Ding in Benützung nehme, ohne doch denselben zu dessen Genusse zu bestimmen; also auch ohne durch die Bestimmung, dass es dessen Interesse dienen solle, der Erforderlichkeit seiner Zustimmung Sinn zu geben und sie begreiflich zu

machen. Damit streitet es nicht, dass zwar gewiss auch die irrtümliche Aneignung der Sache ganz ebenso wie die heimliche
und gewaltsame aus demselben Grunde nicht gewollt, nach dem
Willen des Rechts Nichtseinsollendes ist, beide aber sich dadurch
unterscheiden, dass letztere (die heimliche und gewaltsame Aneignung) zugleich Deliktscharakter haben, erstere aber, da Irrtum
zu verbieten Unsinn wäre (was hiesse sonst „Irrtum?") den
Charakter der Verbotsübertretung nicht haben kann.

Ihering nimmt sich der Bedeutung des Interesses und des
Zweckes für das Verständniss alles Rechts mit besonderer Wärme
an, Besitzwille 24 ff., 467 f. Für mich ist sie völlig selbstverständlich. Ich habe sie Ihering nicht entlehnt.

Für den Historiker des römischen Rechts, der principiell
allen rechtspilosophischen Naseweisheiten abgewendet, in den
überlieferten römischen Rechtssätzen und Begriffen selbständige
Wesenheiten zu verehren angeleitet worden ist, ist es gewiss ein
grosses Verdienst, ein Zeichen von Genialität, wenn er allmälig aus
eigner Kraft sich diesem Banne entzieht und auch die historischen
Tatsachen von dem rechtsphilosophischen Principe des allbeherrschen-
den Interesses und Zweckes aus besser zu verstehen sucht. Es ist
wunderschön, dass ich resp. dass die Rechtsphilosophie in einem
Romanisten einen Vertreter der Bedeutung des Interesses findet;
sie wird bei den Juristen mehr Eingang finden, wenn ein be-
rühmter Kenner des römischen Rechts sich ihrer annimmt, als
wenn es der Philosoph tut, den man von vornherein, mag er sagen,
was er will, in dem Verdachte hat, dass er, windiger Spekulation
ergeben, nur Nichtigkeiten, die vor den Tatsachen nicht bestehen
können, lehren könne und den man höchstens mit halbem Ohre
anhört. Ich freue mich deshalb der Bundesgenossenschaft, gleichviel ob Ihering sich derselben bewusst ist und sie anerkennt oder
nicht. Doch habe ich noch einiges zu erinnern. Die Definition
des Interesses und deren weitere Erörterung, Besitzwille S. 25
Anm., entspricht meinen Anforderungen nicht. Die Beschreibung
und Ausmalung ist, wie immer bei ihm, packend, anschaulich,
überredend. Sie mag für viele sehr dienlich sein, jedenfalls liest
sie sich gut, aber die Definition „Interesse ist das Gefühl der
Bedingtheit unseres Daseins durch etwas ausser uns: Personen,
Sachen, Zustände, Ereignisse" ist gar keine. Wert hat nur, aber
ist nicht neu, dass das Interesse unter Gefühl subsumirt wird.

Aber das Gefühl der Bedingtheit unseres Daseins ist zweifelhaft. Ist es nur das Innewerden dessen, dass unser Dasein von so vielem ausser uns bedingt ist, so wäre die Definition falsch. Die blosse Kenntniss ist kein Interesse. In diesem Sinne darf das Wort Gefühl also nicht verstanden werden. Dann kann nur das Gefühl im eigentlichen Sinne, als Lust und Unlust, gemeint sein, und das Interesse reducirt sich auf Gefühle der Lust und Unlust, welche nicht etwa mit der unabwendbaren Notwendigkeit eines Entwicklungsgesetzes ohne äusseren Anlass sich abspielen, (das wäre der einzig denkbare Gegensatz), sondern selbstverständlich Aeusseres zu ihrem Objekt und Anlass haben, Personen, Sachen, Zustände, Ereignisse, von denen (nicht unser Dasein, sondern) unser Wol und Wehe abhängt. Der determinirende Zusatz „der Bedingtheit unseres Daseins" sagt also nichts Neues. Gegenstand des Interesses sind nur die Gegenstände unseres Gefühls der Lust oder Unlust; diejenigen, welche uns weder Lust noch Unlust bereiten, sind uns gleichgültig, d. h. für uns ohne Interesse. Das ist alles. Vgl. meinen Aufsatz „die metaphysisch naturwiss. Richtung etc." in den „Beiträgen zur Erläuterung des deutschen Rechts" 1890 34. Jahrgang S. 818 f., meine „Grundzüge der Ethik" S. 13 f. und ausserdem „Begriff des subjektiven Rechts" S. 26. „Was auch das Recht im Speciellen wollen kann — jedenfalls sind alle seine Vorschriften nur Mittel zu diesem letzten Zwecke resp. Mittel zu Mitteln zu ihm. — Genug, wir erkennen, dass das objektive Recht direkt immer nur Handlungen oder Unterlassungen bestimmter einzelner oder aller wollen kann und dass es diese nur aus dem Grunde wollen kann, weil sie das beste oder einzige Mittel sind, um die oben bezeichneten Ziele — zu erreichen. — Die Erklärung von Pflicht und Recht bleibt so lange unvollständig, als nicht für jeden Fall aus dem Princip des Rechts resp. den aus ihm fliessenden Konsequenzen sowol der von ihm beabsichtigte Geniesser des durch eine Handlung oder Unterlassung hervorgebrachten Vorteils, als auch der zu Gunsten oder im Interesse des Geniessers zum Handeln oder Unterlassen Verpflichtete erkannt werden kann. Um diese handelt es sich nun."

„Also in wessen Interesse, zu wessen Nutzen wird jedem vom objektiven Rechte vorgeschrieben bestimmte Handlungen zu tun oder zu unterlassen, und von wessen Handlungen oder Unterlassungen hat jeder Schutz und Förderung seiner Interessen zu erwarten? S. 29 f. — wenn das objektive Recht jemanden zu einer Handlung oder Unterlassung verpflichtet, so kann es dies nur entweder in dessen eigenem Interesse oder in dem eines andern tun". Vgl. ferner die im Register ibid. s. v. „Interesse und Zweck" angeführten Stellen. Was Ihering, Besitzwille S. 530 f. mit seiner Entgegensetzung von Idee und Zweck meint, ist vollkommen richtig, und ebenso auch wol seine Annahme, dass viele seiner Leser unter Idee eben dasselbe verstehen, wie er. Für mich, der ich etwas anderes dabei denke, ist seine Entgegensetzung falsch. In meinem Aufsatze „Was sind Ideen?" in der Fichteschen Zeitschrift für Philosophie und philosophische Kritik habe ich gezeigt, dass auf dem Gebiete aller Produkte menschlicher Kunst und menschlichen Strebens Idee und Zweck zusammenfällt. Dass das Recht Menschenprodukt ist, in welchem Falle sich dann der Zweck im Recht von selbst versteht, ist der Grundgedanke meiner Lehre.

Ebenso falsch ist es, wenn Ihering ibid. S. 537 dem Zwecke den Begriff entgegensetzt: „dass unsere Jurisprudenz, wenn sie anstatt des Begriffes den Zweck zu ihrem Leitstern genommen hätte etc." In oben genanntem Aufsatze habe ich auch gezeigt, in wie weit auf diesem Gebiete der Begriff sc. der richtig gebildete, mit der Idee zusammenfällt. Was Ihering mit grösstem Rechte bekämpft, ist nicht dies, dass man wirklich den Begriff statt des Zweckes zum Leitstern genommen hätte, sondern die Unkenntniss der richtigen Begriffsbildung und das Vorurteil, dass die Rechtsbegriffe selbständige Wesenheiten, nicht wie ich lehre, Schöpfungen menschlichen Fühlens und Wollens sind (vgl. „Die metaphysisch-naturwiss. Richtung etc." S. 802—805). Ihering's Wort, ibid. S. 364, „der Zweck d. i. praktische Erwägungen, Motive sind es gewesen, welche in Rom neben dem Besitz die Detention ins Leben gerufen haben" ist mir ganz aus der Seele gesprochen. Mehr als ich fortwährend in allen meinen rechtsphilosophischen Arbeiten die Unentbehrlichkeit des Motivs für den Rechtswillen betont habe, kann es niemand tun. Der Iheringschen Lobpreisung des Zweckes, ibid. „dass er mir erst das Verständniss der gesammten sittlichen Weltordnung erschlossen hat, der Sitte, der Moral, des Rechts" ist nur die Einschränkung hinzuzufügen, dass nicht jeder Zweck gilt, dass also die Rechtsphilosophie und die Ethik wesentlich die Aufgabe haben, die rein subjektiven Zwecke von denjenigen, welche das Recht und das Sittengesetz darstellen zu unterscheiden, und dass es schliesslich einen Zweck geben muss, der nicht wieder aus sich hinaus auf einen höheren Zweck hinweist. Und demgemäss ist es auch nicht genug, nur „das Interesse" als ausschlaggebendes Moment anzuführen, ohne ein Motiv für den objektiven Rechtswillen zu nennen, aus welchem er grade dieses oder jenes Subjektes Interesse zu schützen sich berufen fühle. In der Besitzlehre bietet sich freilich sogleich die Auskunft, dass er das Interesse des Eigentümers gegen den blossen Besitzer, das des Besitzers gegen den blossen Detentor schütze. Das heisst ja eben Eigentümer, Besitzer, Detentor. Aber eben weil diese Worte eben nur dieses heissen, können sie nicht genügen, vielmehr drängt sich die Frage auf: woran erkennt man, wer jedesmal Eigentümer, Besitzer, Detentor ist oder m. a. W. wessen Interesse soll gegen wessen Interesse geschützt werden? Bei dieser Fundamentalfrage: „woran soll erkennbar sein, was jedem zu Genuss und Verfügung stehen solle?" blieben wir oben (S. 2 f.) stehen. Klar ist es, wenn es sich um übertragene Rechte handelt. Wissen wir, dass das objektive Recht principiell den Parteiwillen respektirt, so bedürfen wir weiter keiner Begründung. Der subjektive Wille entsprechend dem subjektiven Geschmack mit allen seinen unergründbaren Launen entscheidet. Er überträgt das ganze uneingeschränkte vorbehaltliche Benützungsrecht oder macht beliebige Einschränkungen und Vorbehalte, und wer die Uebertragung acceptirt hat, ist Inhaber solches vollkommenen oder unvollkommenen, endgültigen oder vorläufigen resp. zeitweisen Rechts. Wir werden unten noch auf die Arten des letzteren zu sprechen kommen. Jetzt haben wir zu beachten, dass in allen diesen Fällen schon ein vollkommenes Sachgenussrecht vorausgesetzt ist. Wir hatten aber die Frage zu beantworten, wie es überhaupt zu einem solchen kommen könne, und ob und wie ohne die Voraussetzung eines einschränkenden und Vorbehalte machenden Parteiwillens die Rechtsordnung selbst neben dem vollkommenen ein unvollkommenes, neben dem endgültigen ein vorläufiges Genussrecht verleihen könne.

Das Princip des Besitzrechtes.

Die Aufgabe. Der Begriff der Benützung. Die Beklagtenrolle.

Ihering citirt (Grund etc. S. 7) das Wort Savignys: „Da der Besitz an sich kein Rechtsverhältniss ist, so ist auch die Störung desselben keine Rechtsverletzung und sie kann es nur dadurch werden, dass sie ein anderes Recht zugleich mit verletzt" ohne an der Grundvoraussetzung desselben Anstoss zu nehmen, und billigt sogar S. 8 in der Anm. die Worte Randas „an sich könnte Gewalt nur so weit als rechtswidrig erscheinen, als ein Recht verletzt wird. Denn wo kein Recht verletzt, sondern nur ein faktischer Zustand geändert worden ist, da kann von einer Tilgung des Unrechts der Gewalt und seiner Folgen keine Rede sein." Aber nach allem, was ich von ihm gelesen habe, könnte er, müsste er der folgenden Ansicht sein: Unter Besitz kann allerdings der nur faktische Zustand, die blosse Tatsache der irgend wie lange dauernden Benützung und Beherrschung einer Sache von Seiten eines Menschen verstanden werden. Aber was kann die Rechtsordnung hindern, diesen Zustand zum Objekt ihres ordnenden Willens zu machen, an ihn selbst bestimmte Rechtsfolgen zu knüpfen? Auch Leben und Gesundheit sind zunächst nur faktische Zustände, und der objektive Rechtswille macht sie doch zu seinem Objekt. Er will bekanntlich, dass jedes Menschenleben und jedes Menschenleibes Gesundheit, soweit es von Unterlassungen der Mitmenschen abhängt, erhalten werde und gibt damit jedem ein Recht auf Schutz seines Lebens und seiner Gesundheit. Es kommt nur darauf an, ob die Rechtsordnung Grund und Anlass findet, auch die Tatsache, dass Menschen Dinge in ihrer Benützung und Gewalt haben, zum Objekt ihres Wollens zu machen, z. B. zu wollen, dass der

faktische Zustand der Sachbenützung, soweit es von der Enthaltung von Eigenmacht anderer Menschen abhängt, erhalten
werde. Findet sie Grund dazu, so ist die willkürliche Aende-
rung dieses faktischen Zustandes Unrecht. Der Besitz ist
faktischer Zustand und dieser faktische Zustand kann Objekt
und Inhalt eines Willens des objektiven Rechtes werden, und
dann in diesem Sinne ist der Besitz ein Recht*). Was Ihering
gegen die Ansicht Savignys, dass das verübte Unrecht in der
Gewalt gegen die Person liege, anführt, ist vollständig überzeugend.

Es ist also nun unsere Aufgabe, zu untersuchen, welchen
Grund und Anlass der objektive Rechtswille hat in Betreff der
tatsächlich stattfindenden Sachbenützungen und Beherrschungen
etwas zu wollen, und was er in Gemässheit seines an anderem
Orte entwickelten Grundprincips in dieser Beziehung wollen,
welche Rechtsfolgen er an die blosse Tatsache knüpfen kann.
Setzen wir das Sachgenussrecht, welches Eigentum genannt
wird, voraus, so können wir unsere Aufgabe auch so bezeichnen:
welchen Grund und Anlass findet die Rechtsordnung aus ihrem
Prinzip ausser dem Eigentum noch ein anderes, vielleicht noch
andere Sachbenützungsrechte zu schaffen? Ich wiederhole also:
ich frage nicht, „was ist Besitz“, um danach zu entscheiden,
ob z. B. der Dieb an der gestohlenen Sache Besitz hat, sondern
ich frage: welche civilrechtlichen Folgen können sich, welche
müssen sich von bestimmten Voraussetzungen aus an die blosse
Tatsache stattfindender Sachbenützung knüpfen? Diese Frage-
stellung involvirt die Behauptung, welche ich besonders betone:
Besitz ist nicht ein einheitliches unteilbares Ganzes, welches
nur entweder zu- oder abgesprochen werden könnte, vielmehr
brauchen die Rechtsfolgen, welche dabei überhaupt in Frage
kommen können, durchaus nicht immer zusammen aufzutreten.
Ob, wenn nur eine oder einige von ihnen zuerkannt werden,
Besitz zu behaupten ist, ist eine unbeantwortbare, auch ganz
gleichgültige, höchstens der Terminologie angehörige Frage.

Das Wort Sachbenützung (Gebrauch, Genuss) ist selbstverständlich nicht als *ius in re aliena* im Gegensatz zu Eigentum

---

*) Vergl. Bähr Krit. Viert., N. F. Bd. XI 4. Heft S. 481 f.

und Besitz gebraucht, sondern soll den weiteren Sinn haben, dass auch der Begriff des Sachbesitzes darunter fällt. Den Begriff des Eigentums habe ich, Begriff d. subj. Rechts S. 176, auf Benützungshandlungen zurückgeführt. Die tatsächliche Sachbenützung, von welcher ich spreche und an welche das Recht auf ihre Fortsetzung geknüpft sein kann, kann eine vereinzelte Art der Benützung sein, mit welcher sich andere Benützungen von Seiten anderer vertragen, und kann auch als Inbegriff aller möglichen Benützungen mit Ausschluss aller andern gedacht werden. Und sie braucht ferner auch nicht blos als positive Einwirkung und Veränderung, als wahrnehmbarer Akt gedacht zu werden. Bekker, zur Reform des Besitzrechtes S. 5, nennt die Rechtsausübungsvorgänge, die in den Besitz fallen. Rechtsausnützungsvorgänge, „Vorgänge“, nicht „Handlungen“ oder „Akte“, weil der Besitz, die Rechtsausnützung, nicht allemal durch ein Thun *(facere)* geschieht. Er fährt fort: „Das ist bei vielen Arten des sogenannten Rechtsbesitzes ohne Weiteres ersichtlich; steht eine Mauer, die ich erworben, auf der fremden Wand, so habe ich zweifellos den der *s. oneris ferendi* entsprechenden Besitz, obschon ich die Mauer nicht errichtet habe, nichts an derselben machen lasse und überhaupt nichts thue, was diesem Besitz eingerechnet werden könnte; ich kann den Besitz der *s. altius non tollendi* haben, ohne dass ich jemand etwas zu verbieten brauche (es baut eben niemand), ich besitze ohne alles eigne Thun; ähnlich bei allen verwandten Grunddienstbarkeiten. Aber ich behaupte, was hier auf Widerspruch stossen wird, dass auch Eigentumsbesitz ohne Thun des Besitzers stattfinden kann. Das Buch, das in meiner Bibliothek (unberührt) steht, das Bild, das in meinem Zimmer an der Wand hängt, alles, was in meinem (d. h. nicht sowol in meinem Eigentum, als in meiner Gewalt stehenden) Geldspind sich befindet, das besitze ich, ohne jegliches Zutun.“ Mein Ausdruck „benützen“ braucht kein solches „Tun“ einzuschliessen; er kann und soll (s. über den Sinn der Verbalform Erk. Log. S. 496 ff.) auch jedes Nutzen haben von einer Sachlage resp. ihrem unveränderten Bestande bedeuten, und zum Nutzen gehört auch schon die blosse Abwesenheit oder Fernhaltung eines sonst möglichen Schadens. Das Benützen ist also schon das blosse Gefühl der Lust an der Sache, wär's auch nur in schwächster Potenz, ja es ist auch schon die blosse Abwesenheit oder Verhinderung eines Unlustgefühls, welches durch den Mangel der Sache oder durch eine Veränderung ihrer Qualitäten, Gestalt, Lage, Ausdehnung hervorgebracht werden würde. Und endlich ist solches Benützen auch schon vorhanden, wenn das gemeinte Lustgefühl nicht immer, sondern nur zeitweise nur bei gegebener Gelegenheit hervortritt oder auch selbst nur als ein möglicherweise sich einstellendes erkannt werden kann, und wenn auch dass etwaige Unlust nicht eingetreten ist oder verhindert wird, nur zeitweise, nur bei gegebener Gelegenheit, nur möglicherweise einmal in's Bewusstsein tritt, und wenn endlich dem entsprechend auch der Wille auf Erhaltung der Lust gewährenden Unlust abwehrenden Sachlage nur zeitweise, nur bei gegebener Gelegenheit, nur wenn die Gefahr des Gegenteils einträte, aber dann auch ganz sicher in's Bewusstsein treten würde. Ueber die Existenz eines Willens und einer Gesinnung, auch wenn sie grade nicht in's Bewusstsein treten, vgl. Grundzüge S. 55 ff. und Gewohnheitsrecht S. 35 Dass ich demnach auch das Buch, welches unberührt in meiner Bibliothek steht, selbstverständlich auch das Bild an der Wand, welches sie ziert und mich, sobald ich hinsehe, erfreut, auch alles, was in meinem Geldspind sich befindet, benütze, ist ganz klar, so lange ich sie doch dort stehen und liegen lasse, nicht verkaufe, nicht verschenke, nicht angreife, ihnen den Raum, den sie einnehmen, gönne, wär's auch nicht, weil ich sie doch noch später einmal direkt und positiv benutzen zu können vermute oder für jemand anders aufbewahre, sondern nur aus einer Art unklaren Konservatismus. Danach beurteilt es sich auch, wenn Bekker ebenda S. 28 meint, die Uebung meines Eigentums an Sachen, welche Jahre, Jahrzehnte lang unbenützt in meinen Schubläden und Schränken liegen, wäre „eine solche, welche nach einem einmaligen *fecisse*, dem Einstellen, Einlegen u. s. w. durchaus keine Thätigkeit meinerseits, auch kein bloss innerliches Wollen oder Gedenken erfordert." Dass und warum in diesen Fällen Besitz der Sachen stattfindet, geht mich an dieser Stelle noch nichts an, hier habe ich nur zu behaupten, dass in dem erörterten Sinne Benützung stattfindet. Sie könnte verneint werden, wenn ich von der Anwesenheit dieser Dinge absolut nichts weiss, aber doch wäre die Frage, welche Bedeutung dieses Tatbestandsmoment hat, dass der Aufenthalt derselben in von mir besessenen Räumen die objektive

Bedingung der Einwirkung auf sie (Gewalt) herstellt, und dass, sobald ich sie wahrnähme, — ein Fall der jeden Augenblick eintreten kann — jedenfalls oder vermutlich die oben beschriebene Benützung im weiteren Sinne, wenn nicht sogar eine direkte, positive, eintreten würde.

Dass ich im Besitz der *serv. oneris ferendi* in diesem Sinne benütze, wird nicht bezweifelt werden. Und wenn ich im Besitz der *serv. altius non tollendi*, niemandem etwas zu verbieten brauche, weil niemand baut, so ist doch die Verfügungsgewalt, welche ich für den Fall, der jederzeit eintreten kann, habe, und welche mich, wenn der Verpflichtete nicht aus eigenem Antriebe handelte, resp. unterliesse, in den Stand setzen würde, die von dieser Seite drohende Unlust fern zu halten oder wieder zu beseitigen, eben so offensichtliche Benützung in dem erörterten weiteren Sinne.

Bekker hält es, ibid. S. 26, für nötig, dem *uti, frui, consumere* als den „zur Betätigung durch den Besitz tauglichen Rechten" noch das *arcere* und das *habere* hinzuzufügen. *arcere* ist das Ausschliessen beliebiger Einwirkungen anderer auf eine Sache, und zwar nicht nur als Korrelat zum *uti frui consumere,* um es gegen etwaige Störungen von Seiten anderer durchführen zu können, sondern auch als für sich bestehendes Recht an Sachen, an welchen einem kein *uti frui consumere* zukommt. Allein seine eigenen Beispiele und deren Erläuterungen beweisen, dass es sich dabei höchstens um unterscheidbare Arten des Benützens handeln kann und dass das *ius arcendi* immer nur um eines bestimmten Nutzens willen gewährt wird. „Mein Haus wird wertvoller, wenn Luft und Licht ihm nicht verbaut werden können, Ruhe und Aussicht gesichert sind." Bekker selbst nennt, S. 27, das *arcere* ein „nützliches", „sei es auch nur um uns vor Rauch und Staub, Erschütterung, unangenehmen Tönen oder Gerüchen zu bewahren." „Aber auch im weiteren Umkreis kann uns das erzwingbare *non facere* der anderen nützlich werden, dass niemand unserem Geschäft Konkurrenz mache, das Wasser aus dem Flusse oben nicht ableite, das wir unten brauchen wollen, oder verunreinigt, was wir nur rein brauchen können." Bei den Autorrechten, Patentrechten, Rechten an Bezeichnungen sollen das *ius utendi* und das *ius arcendi* klar auseinander fallen. Aber ist hier nicht alles *arcere* nur ein Mittel um die Beeinträchtigung des eigenen *usus*, des aus ihm hervorgehenden Nutzens, zu verhindern? Man könnte höchstens über die Objekte des Benützens streiten. Sie können verschieden sein, je nachdem die eigentliche direkte Lustquelle und die mehrfachen positiven und negativen Bedingungen und deren Bedingungen unterschieden werden. Aber wenn ich das Benützen in dem weiteren Sinne eines Nutzenhabens von etwas fassen darf, so ist es das erzwingbare non *facere* anderer, welches ich benütze, indem es mir den Nutzen oder doch den grösseren Nutzen aus der Sache selbst gewährt. Dass ich dabei diese Sache selbst benütze, also das *arcere* anderer eben ein benützen *uti* der Sache selbst sei, wird mit einigem Schein bestritten werden. Aber mein *arcere*, mein Erzwingen des Nichttuns anderer ist doch eine Verfügung über oder eine Wirkung meines Willens auf die Sache, denn, wenn auch der tägliche Sprachgebrauch damit nicht übereinstimmt, so gehört es doch logisch ebenso zu den Schicksalen der Sache, dass sie nicht benützt wird, wie dass sie benützt wird, dass sie von diesem, wie dass sie von jenem andern benützt oder nicht benützt wird.

Auch der Unterscheidung des *habere*, welches B. zwar dem *arcere* verwandt sein lässt, aber doch von ihm trennt, muss ich widersprechen. Dass das *habere* des Faustpfandes, mehr als einfaches *arcere*, aber doch auch wieder nicht in den Bereich des *uti* zu bringen wäre, S. 28, muss ich bestreiten. Das Haben der Sache im Gewahrsam ist ein volleres, strengeres *arcere*, als das bei den obigen Beispielen gedachte, aber doch *arcere*, und es ist in Anbetracht des Interesses, welches sich daran knüpft und des Nutzens, den es gewährt jedenfalls ein Benutzen der Sache, ein *uti*, wenn auch ein ganz anderes, als aller sonstige Gebrauch. Dass einzelne Benützungsarten, also auch dieses *habere* für sich allein ohne die anderen den Inhalt eines Rechtes ausmachen kann, ist ganz klar. Vergl. meine Besprechung von Fuchs' Wesen der Dinglichkeit, Krit. Viert. N. F. Bd. XIV. H. 2. S. 202—204. „Wenn der Eigentümer absichtlich seine Sache unverändert lässt, also mögliche Veränderungen ihrer Qualitäten, Gestalt, Lage, welche andere je nach Laune und Geschmack vornehmen würden, ja sogar welche er selbst aus irgend einer Rücksicht gerne vornehmen möchte, doch um eines bestimmten Zweckes willen, der ihm höher steht, als jene Rücksicht, unterlässt, so wird niemand daran zweifeln, dass er in dieser Unterlassung, in welcher ihn

niemand stören, deren beabsichtigten Erfolg ihm niemand durch
eignen Eingriff vereiteln darf, seine Sache gebraucht und geniesst. Dann ist es aber eine grobe Inkonsequenz bei der *servitus
non altius tollendi* nicht anzuerkennen, dass auch der Berechtigte,
in dessen Interesse die Unterlassung geschieht, die Sache benütze. Nur Licht und Luft wolle der Berechtigte benützen,
meint F., nicht das Bauwerk, welches nicht höher geführt werden
darf. Wie kann man übersehen, wie tausendfach wir auch die
Mittel und Bedingungen zu demjenigen, was eigentlich direkt
Lustquelle ist, als Objekt des Benützens und Gebrauchens aus-
geben. Wenn die Unterlassung des Höherbauens den Genuss
der direkten Lustquelle Licht und Luft erst ermöglicht, so ist
diese Unterlassung selbst Lustquelle, und die körperliche Sache
ist Objekt der zu unterlassenden Handlung. Auch wenn jemand
das Recht hat, dass der Nachbar eine Mauer in bestimmter Höhe
erhalte, geniesst er nicht direkt die Mauer, sondern vielleicht
Windstille, Schatten, vieles andere, und doch wird auch F. nicht
anstehen, dieses Recht als Sachgenuss- und Gebrauchsrecht zu
bezeichnen. Rechte auf Sachgebrauch sind nicht nur die Rechte
auf positive Veränderung des Dinges, sondern ebenso die auf
Unterlassung einer solchen. Die Hauptsache — ist aber dies,
dass wir bei dem juristischen Begriffe des Sachgebrauchs und
Genusses zunächst nur an die Verfügungsmacht des Berechtigten
zu denken haben. Es ist schon Sachgebrauch und Genuss (Be-
nützung), wenn sein Wille entscheidet, mag er nun auf positive
Benützung oder auf Unterlassung einer solchen gerichtet sein."
Und 222. „Und beides, sowol die hervorgebrachten Dinge oder
Veränderungen von solchen, als auch das unveränderte Fortbe-
stehen eines Zustandes, bedingt durch die Enthaltung von Ver-
änderungshandlungen von Seiten des Eigentümers (überhaupt von
Seiten anderer) ist ein positives Gut, welches als direkt zum
Genusse des Berechtigten bestimmt angesehen werden kann."
Und dieser Genuss ist im obigen Sinne „Benützung."

Auch die Uebertragung eines Rechtes ist eine Benützung
desselben. „Verschenkt jemand sein Recht", Begriff des subj.
Rechts S. 170 ff., „so muss die Förderung und das Heil des Be-
schenkten doch für ihn eine so grosse Lustquelle sein, und überträgt er es für Gegenleistungen, so sind diese offenbar für ihn
grössere Lustquellen, als die positive Ausübung. Will er diesen

Genuss, so kann er jenen nicht haben, will er jenen, dann kann er diesen nicht haben. Er verwendet also sein Recht, indem er durch seine Uebertragung sich jene andern Lustquellen verschafft. Das ist offenbar eine Benützung desselben." Und die Benützung des Rechtes auf eigne oder fremde Handlungen deren Objekt eine bestimmte Sache ist, ist *eo ipso* auch eine Benützung der Sache; ebend. S. 176 ff.

Demnach hoffe ich, dass mein Gebrauch des Wortes Benützung keinen Missverständnissen ausgesetzt sein wird. Nicht alle Benützungsarten mögen ein Recht des Besitzes begründen, — darüber unten noch — aber jedenfalls ist alles tatsächliche Besitzen ein Benützen. Ich wende mich zu der S. 18 bezeichneten Aufgabe.

Die erste Voraussetzung, welche ich mache, ist die, dass die Sachbenützungen durchaus geordnet sein sollen, d. h. also, dass jedem Sicherheit der Sachbenützungen, von welchen Leben und Wolfahrt abhängt, gewährt sein, und dass Kampf um augenblicklichen Genuss nicht stattfinden soll.

Vielleicht sieht man es nicht als eine methodologisch-polizeilich verbotene Konstruktion aus Begriffen an, wenn ich aus der erfahrbaren Menschennatur folgere: Entweder ist die Rechtsordnung durch ihre Organe im Stande und geneigt, unaufhörlich direkt jedem Individuum zuzuweisen, wessen es sich bedienen, was zu seinem Gebrauch bestimmt sein soll, und jeden Irrtum, jedes Unrecht zu verhüten resp. selbst direkt auszugleichen, oder sie ist dazu nicht im Stande. Und wenn ich letzteres vermuten darf, was kann sie tun, um Schutz gegen Störung und gegen Uebertretung ihrer Normen zu gewähren? Sie mag bereit sein, jeden Uebertreter ihrer Normen zur Unterlassung der Störung, zur Herausgabe des widerrechtlich Entzogenen zu verpflichten, aber woran erkennt sie den rechtmässigen Geniesser, woran den Störer? Wir handeln noch nicht von den Normen, sondern nur von der Voraussetzung, dass es überhaupt solche gibt und der Möglichkeit einer Uebertretung derselben. Wie kann der Schutz gegen dieselbe sich gestalten? Wen soll sie schützen? Die Privatrechtsordnung schützt niemanden gegen seinen Willen (über die Einschränkungen dieses Satzes vergl. Begr. d. subj. Rechts S. 38, 45, 295 ff.); auch Laune und Willkür des berechtigten Subjektes respektirt sie. Wen sie schützen soll, der muss ihren Schutz anrufen, und wer ihren Schutz anruft, muss zugleich an sich die Merkmale aufweisen, an welche sie ihren Schutz geknüpft hat, muss sie von seinem Recht überzeugen. Ist also der unsinnige Gedanke ausgeschlossen, dass die Rechtsordnung selbst mit göttlicher Allwissenheit sowol alle Sachbenützungsrechte aller einzelnen, als auch alle tatsächlichen Benützungshandlungen aller einzelnen kennend, von selbst jede unerlaubte Benützung verhinderte oder soweit möglich rückgängig machte, so bleibt doch von diesem durch die *conditio humana* gegebenen Standpunkte aus oder in Folge dieser Natur aller menschlichen Einrichtungen absolut nichts anderes übrig, als dass jeder, welcher durch tatsächliche Benützungshandlungen eines anderen in seinem Rechte beeinträchtigt zu sein glaubt, die Organe der Rechtsordnung zu seinem Schutze anrufen und sein Recht gegenüber dem tatsächlichen Benützer beweisen muss.

Es kann sich also naturgemäss nur noch darum handeln, worin jedesmal der Beweis für das behauptete Recht besteht.

Ist der tatsächliche Benützer Besitzer oder kann er doch so genannt werden, so haben wir in dieser kurzen und einfachen Erwägung einen Grund und eine Art des Besitzesschutzes gefunden.

Die Art des Schutzes bestand darin, dass die Rechtsordnung, um den tatsächlichen Benützer als Uebertreter ihres Willens zu qualifiziren und ihm Unterlassungs-, Erstattungs-, Ersetzungsbefehle zu erteilen, den Beweis des Rechtes von Seiten des ihren Schutz Anrufenden erwartet, und bis dahin, bis dieser erbracht ist, alles geschehen lässt, was geschieht.

Freilich ruft diese erste Auskunft gleich neue Fragen auf. Welcher Art ist das Recht auf Benützung, welches jemand gegen den tatsächlichen Benützer geltend machen kann, um die Rechtsordnung zu Unterlassungs-, Erstattungs-, Ersetzungsbefehlen gegen ihn zu veranlassen? Und welcher Art kann das Verhältniss zwischen jenem Recht auf Benützung und der tatsächlichen Benützung sein?

Schutz gegen Eigenmacht.

Die rechtsphilosophische Erwägung, welche wir oben schon gegen die begriffliche Priorität des Besitzes vor dem Eigentum geltend machten, lehrte, dass aus dem primären Regulirungswillen zuerst gar nichts anderes hervorgehen kann, als die vorbehaltlose und (relativ) einschränkungslose Zuweisung von Sachbenützungsrechten mit dem selbstverständlichen Schutz gegen alle andern*).

Demnach benützt jeder tatsächliche Benützer, welcher nicht das Eigentumsrecht an der Sache hat, entweder mit Zustimmung des Eigentümers (wenn auch nicht des gegenwärtigen, sondern eines frühern) oder ohne dieselbe, und im letzteren Falle wenn nicht durch Gesetz, so entweder *dolos* oder irrtümlich, resp. hat das Ding von einem solchen erworben, welcher es *dolos* oder irrtümlich in seine Benützung genommen hat.

Der Schutz, welchen die Rechtsordnung dem Berechtigten gewährt, wird demnach davon abhängen, dass er sein Recht, d. i. zunächst sein **Eigentum**, da wir ein anderes Sachbenützungsrecht noch nicht kennen gelernt haben, beweist. Es genügt nicht etwa was manchem vielleicht einfallen mag, der Nachweis der Dolosität oder Irrtümlichkeit des gegenwärtigen tatsächlichen Benützers, denn diese lässt sich ja ohne Relation auf einen Berechtigten gar nicht feststellen. Die Begriffe *dolus* und Irrtum sind nichts, wenn nicht ein Recht festgestellt ist, in dessen Verkennung oder Ignorirung allein die Irrtümlichkeit oder der Tatbestand eines Diebstahls oder Raubes besteht. Wer wegnimmt, wär's auch aus der Hand eines andern, worauf auch dieser andere absolut kein Recht hat, begeht keinen Diebstahl und keinen Raub. Also ist doch das positive Recht des Klägers gegen den tatsächlichen Benützer zu beweisen: unmöglich könnte blos Irrtum oder Dolosität des letzteren ohne jenes bewiesen werden; sie ist ohne das beweisbare Recht, welches auf diese Weise verletzt worden ist, ein inhaltsloses Wort.

Unser erstes Ergebniss ist also:

Wenn wir einen ersten Verteilungsakt denken, oder eine erste Publicirung eines Principes, nach welchem die Sachbenützungen geregelt sein sollen, so haben Benützungsrechte mit Vorbehalt für einen Besserberechtigten absolut keinen Sinn. Ein solcher kann gar nicht gedacht werden.

Dass der Sachbenützungsberechtigte auch tatsächlich benützt (der Eigentümer zugleich Besitzer ist) wird zuerst als das Natür-

---

*) Von dem besseren Recht auf Sachbenützung, welches man auch gegen den Eigentümer haben kann, kann hier natürlich nicht die Rede sein.

liche und Selbstverständliche vorausgesetzt. Sollte aber dennoch
der Fall vorkommen, dass jemand zur Benützung einer Sache
berechtigt zu sein glaubt, welche tatsächlich ein anderer benützt,
so muss er sein Recht beweisen. Wer also tatsächlich benützt,
darf weiter benützen, bis jemand sein Recht auf die
Benützung der Sache beweist. So weit enthält die blosse
Tatsache schon im Ansatze ein subjektives Recht, oder ein Moment eines solchen, zunächst nur die Sicherheit gegen Unter-
lassungs- oder Erstattungsbefehle, solange niemand sein besseres
Recht beweist.

Aber dieses zu beweisende Recht ist zunächst als das ursprüngliche des Eigentums gedacht. Wie kann es bewiesen werden?
Nun zeigt sich die ganze Schwierigkeit der Sache. Natürliche
Merkmale, an welchen erkennbar wäre, wer jedesmal eine Sache
zu Genuss und Verfügung haben solle, giebt es bekanntlich nicht.
Wie kann man es der Frucht ansehen, wer berechtigt sein soll,
sie zu geniessen? Die Rechtsordnung verlangt nur überhaupt
eine feste Ordnung. Jeder — so ist es im Princip gedacht —
soll haben, was er braucht um sein Leben zu erhalten und seine
Bedürfnisse zu befriedigen, und soll sich alles dessen enthalten,
was einem andern zu diesem Zwecke zugeteilt ist. Aber woran
erkennt man, was für jeden bestimmt sein mag? Woran erkennt
jeder, was für ihn bestimmt ist? Welches Princip hat die Rechtsordnung für ihre Bestimmungen? Nur wer das weiss, kann die
Vorschrift erfüllen, sich alles desjenigen zu enthalten, was nicht
für ihn, sondern für einen andern bestimmt ist. Die Erwerbsart könnte entscheiden Aber sie setzt immer schon ein Genussrecht voraus, und übertragen kann schliesslich doch jeder nur
ein Recht, welches er hat. Dem Princip nach ist also auch die
Gültigkeit derivativer Sachenrechte immer davon abhängig, dass
alle Autoren wirklich das Recht gehabt haben. Woran kann
man es erkennen? Und wenn die Reihe der Autoren nicht rückwärts *in infinitum* fortgesetzt gedacht werden soll, so muss einer
der erste sein, der das Recht hatte, ohne es von einem Vorgänger erworben zu haben? Ich betone nicht nur die Schwierigkeit oder Unmöglichkeit des historischen Beweises, sondern vor
allem dies, dass doch einmal solches Recht entstanden sein muss,
die sachenrechtliche *generatio aequivoca.*

Es wäre überflüssig unsere Phantasie anzustrengen. Mag

einst einmal eine Verteilung der Güter nach Bedürfniss und Würdigkeit durch ein hierzu berufenes Organ der Gemeinschaft stattgefunden haben, oder mag auf irgend eine andere Weise eine Regelung der Sachbenützungen sich festgesetzt haben, mag irgend einmal der erwachende Rechtswille diktirt haben: „was jetzt grade jeder in Gebrauch und Benützung hat, soll er behalten, und von nun an sollen nur die und die bestimmten Erwerbsarten zu Sachgenuss berechtigen", das ist alles gleichgültig. Denn jenen Punkt der Verteilung oder Festsetzung erreichen wir doch nicht, und die Reihe der Uebergänge bis zur Gegenwart ist doch nicht nachweisbar.

Wenn das bessere Recht nur in Eigentum in diesem Sinne bestünde, so gäbe es kein besseres Recht; denn solches Eigentum ist absolut unbeweisbar. Ist aber doch eine feste Ordnung der Sachbenützungen absolut gewollt und unentbehrlich, ist gemäss der Schwäche und Unvollkommenheit der Menschennatur die Möglichkeit einer Verletzung derselben von vornherein in's Auge gefasst, ist das Recht bereit, wie eben erklärt wurde, Unterlassungs- resp. Restitutionsbefehle an den Störer dieser Ordnung zu erlassen und wartet nur auf den Beweis des verletzten Rechtes, so muss Dolosität und Irrtümlichkeit der Sachbenützung noch in anderer Relation, als der auf jenes unbeweisbare Eigentum, gefunden werden können — so muss es noch ein anderes besseres Recht geben, als es dieses unbeweisbare Eigentum ist. Die Rechtsordnung kann in verschiedener Weise helfen. Am nächsten liegt natürlich der Ausweg, das Sachbenützungsrecht ausschliesslich an die Erwerbsart zu knüpfen, also davon abzusehen, ob derjenige, von welchem erworben wird, wirklich das Recht auf Benützung und Verfügung über die Sache hatte. Noch manches ist möglich, doch diese Möglichkeiten zu verfolgen gehört hier nicht zu meiner Aufgabe.

Ich will nur gleich darauf aufmerksam machen, dass die Aushülfe doch wesentlich in einem Machtworte besteht, durch welches die blos tatsächliche Inhabung des Tradenten in Beziehung auf die Rechtsfolgen seiner Tradition als volles (vorbehaltloses) Sachbenützungsrecht (Eigentum) gilt. Deducirbar ist hier gar nichts, nur die praktische Notwendigkeit macht es, und sie gibt keinen andern Anhaltspunkt als zunächst die Thatsache der Benützung oder Inhabung. Wir haben vor uns nur die absolute Notwendigkeit der Regulirung der Sachbenützungen, von welcher alles Heil und alle Wolfahrt, alles edlere menschenwürdige Dasein abhängt, und andererseits die handgreifliche Unmöglichkeit, ein gerechtes, etwa einem letzten höchsten Zwecke entsprechendes Verteilungsprincip zu finden und in dauernder Wirksamkeit zu erhalten. Also gibt es schliesslich für den Regulirungswillen der Rechtsordnung gar keinen andern Anhalts- und Ansatzpunkt, als vorhandene Tatsachen. Ebenso ist es selbstverständlich, wenn sie den blos tatsächlichen Benützer durch sogenannte Ersitzung Eigentum gewinnen lässt. Ueber diese handeln wir später noch. Nur vorbereitend sollte darauf hingewiesen werden, welche Bedeutung die Tatsache schon in diesen Institutionen hat, welche berufen sind an Stelle des ursprünglichen unbeweisbaren Eigentums ein Benützungsrecht zu setzen, in Relation auf welches die Begriffe Dolosität und Irrtümlichkeit einen Sinn haben. Aber nun habe ich die Frage zu erheben, ob die Rechtsordnung damit schon zufrieden sein kann. Wenn jemand tatsächlich eine Sache in Benützung und Gewalt hat, aber kein Eigentumsrecht an ihr beweisen kann, soll ihm gegenüber dolose oder irrtümliche Benützung von Seiten eines andern nicht existiren? soll der Begriff einer solchen auf die Benützung dieser Sache von Seiten eines andern in keiner Weise anwendbar sein?

Mag jemand die Sache aus Versehen dem augenblicklichen Benützer entziehen, mag die Begehrlichkeit zu List oder Gewalt greifen lassen, sind das alles für die Rechtsordnung gleichgültige Dinge, blos deshalb, weil resp. so lange niemand sein Eigentum an ihr bewiesen hat? Solcher Sachen kann es viele geben, und viele Menschen, welche ihren Genuss begehren. Niemand wäre desselben auch nur annähernd sicher, der Kampf um den gegenwärtigen Genuss wäre ein fortwährender. Soll die Rechtsordnung dauernd darauf warten, ob der Eigentümer sich melden wird, während die Nichteigentümer sich um die blos tatsächliche Benützung die Köpfe zerschlagen? Unmöglich! Immer auf's neue ist der ursprüngliche Regulirungswille aufgefordert, sich geltend zu machen. Wenn das Institut des Eigentums nicht ausreicht, so ist ein neues vervollständigendes Princip zur Regulirung der Sachbenützungen notwendig. Es bedarf keines philosophischen Tiefsinnes, um es zu finden: auf der flachen Hand liegt es. War das erste Ergebniss dies: „was jeder tat-

sächlich in Gewalt und Benützung hat, das darf er fortbenützen
in dem Sinne, dass er vor jedem Unterlassungs- oder Erstattungs-
befehl von Seiten der Rechtsordnung sicher ist, so lange niemand
ein besseres Recht geltend macht", so heisst nun das vervollständigende Princip: „was jeder tatsächlich in Gewalt und Benützung hat, das soll er fortbenützen können, das soll ihm gegen
jede Eigenmacht geschützt sein, dessen Genuss und Benützung
darf ihm niemand ohne seine Zustimmung entziehen, und wer es
tut, wird zur Unterlassung resp. Zurückgabe verurteilt. Sagte
das erste Princip „das darf er fortbenützen, so lange niemand
ein besseres Recht daran beweist", so besteht die wichtige Ergänzung durch das zweite in der Bestimmung, dass schon die
blosse Tatsache stattgefundener Benützung und Gewalt jeder
Eigenmacht gegenüber „besseres Recht" ist.

Wenn ich oben sagte „wenn das Institut des Eigentums
nicht ausreicht, so ist ein neues vervollständigendes Princip notwendig", so meinte ich natürlich nicht, dass die Rechtsordnung
es wirklich zuerst eine Zeit lang mit jenem allein probirt habe,
um die Erfahrung zu machen, dass es nicht ausreiche, und dass
sie dann auf Abhülfe sinnend, das Princip des Besitzes erfunden
habe. Eines ist mit dem anderen zugleich gesetzt; aus derselben
einen Wurzel, dem tiefgefühlten dringendsten Bedürfnisse der
Regulirung der Sachbenützungen, dem Gefühl, dass diese die
Grundbedingung alles menschenwürdigen Daseins ist, gehen beide
Momente einander gegenseitig ergänzend hervor. Das Recht auf
Fortgenuss, welches an die blosse Tatsache der Benützung geknüpft ist, findet die Ergänzung, welcher es bedarf, durch das
bessere Recht des Eigentümers, und das Eigentumsrecht findet
sie sowol in der Beseitigung der Eigenmacht der Nichteigentümer
gegen einander, als auch in dem wirksameren und schnelleren
Schutz des Eigentümers, welcher gegen Eigenmacht auch nicht
sein Eigentum, sondern nur die Tatsache der bisherigen Gewalt
und Benützung geltend zu machen braucht.

Die Dolosität und die Irrtümlichkeit bemisst sich also nun
nicht durch Relation auf den Eigentümer, sondern durch solche
auf den tatsächlichen Benützer. Irrtümlich benützt man eine
Sache, indem man sie für dieselbe hält, welche man bis dahin
schon in Benützung gehabt hat, während sie in Benützung eines
anderen stand, oder indem man sie von dem bisherigen Be-

nützer rechtlich erworben zu haben glaubt, obgleich man sie wirklich nicht erworben hat oder obgleich die wirklich erworbene eine andere ist, als die in Benützung genommene. Dolos benützt man eine Sache, welche bis dahin in Benützung eines anderen gestanden hat, indem man sich bewusst ist, ihre Benützung auf keine von der Rechtsordnung bestimmten Arten und Weisen von diesem erworben zu haben. Jeder rechtsgeschäftliche Erwerb von dem bisherigen tatsächlichen Benützer schliesst dessen Zustimmung in sich. Dürfen wir von Erwerbung durch Erbgang *ab intestato* und durch Okkupation, und von den Fällen, in welchen das Gesetz jenes Zustimmung entbehrlich macht, absehen, so ist als unrechtmässige Benützung jede ohne Zustimmung des bisherigen tatsächlichen Benützers geschehende zu bezeichnen. Dies ist das oben verlangte die Regelung der Sachbenützungen vervollständigende Pricnip.

Nun ist also jeder angewiesen, sich der Benützung jedes Dinges zu enthalten, welches bereits in der Benützung eines andern steht, falls letzterer nicht seine Zustimmung zu seiner Benützung gibt, und wer ein solches irrtümlich oder dolos in Benützung genommen hat, hat es demjenigen zur Verfügung zu stellen, dessen Benützung und Verfügung er es entzogen hatte.

Also die blosse Tatsache der Benützung gibt das Recht zur Fortsetzung der Benützung insoweit

1) die Rechtsordnung selbst ihre Unterlassungs- und Restitutionsbefehle immer erst von dem Beweise besseren Rechtes abhängig macht,

und 2) insoweit die blosse Tatsache der bisherigen Benützung gegen den eigenmächtigen Entzieher immer schon das bessere Recht ist.

Demnach wird der frühere Benützer ganz unabhängig davon, wie er zu seiner Benützung gekommen sein mag, ob er Eigentümer sein oder ob ein anderer gegen ihn ein besseres Recht haben mag, bloss als bisheriger Benützer geschützt.

Freilich können sich gegen dieses Princip Bedenken erheben. Wenn das Recht auf der einen Seite in der blossen Tatsache der bisherigen Benützung besteht, so besteht doch wol das Unrecht auf der andern nur darin, dass der neue Benützer das

Ding bis dahin eben nicht benützt hatte. Aber soll er blos deshalb auch kein Recht haben, es in Benützung zu nehmen? Einer ist doch so gut, wie der andere.

Wenn bei dem einen ganz davon abgesehen wird, wie er zu seinem Sachgenusse gekommen ist, so muss doch dem andern dieselbe Gunst zu teil werden. Das Besitzprincip schlägt sich selbst.

Man kann ja versucht sein, behufs Erklärung des Unrechts auf Seiten des Entziehers hinzuzusetzen, was oben auch schon geltend gemacht wurde, dass er sich die Benützung ohne Zustimmung des bisherigen Benützers d. h. also entweder durch Irrtum oder heimlich oder mit Gewalt angeeignet habe. Sein Unrecht oder die Unrechtmässigkeit seiner Benützung besteht also nicht blos darin, dass er das Ding bis dahin eben nicht in Benützung gehabt hat und nun erst in Benützung nimmt, sondern darin, dass er es ohne Zustimmung des bisherigen Benützers in Benützung nimmt. Aber was bedeutet das Erforderniss der Zustimmung? Doch nur dies, dass derjenige, dessen Zustimmung erforderlich ist, d. i. der frühere bisherige Benützer das Recht der Benützung hat. Aber woher er es hat, bleibt dabei ausser Acht, oder vielmehr es wird gerade nur auf die Tatsache der bisherigen Benützung basirt, und auch wenn er ein Eigentumsrecht hätte, so wird davon abgesehen. Und wenn ein anderer seiner Zustimmung bedarf, so doch nur deshalb, weil er sonst absolut kein Recht zu dieser Sachbenützung hat. Also sind wir doch wieder auf dem alten Flecke. Warum hat es jener, dieser aber nicht? Auch jenes Erwerbsart war nicht massgebend; auch jener benützt vielleicht ohne Zustimmung seines Benützungsvorgängers. Wiederum: was dem einen recht ist, ist dem andern billig. Dasselbe Princip muss auch den neuen Benützer schützen lassen! —

Und wirklich schützt es ihn auch. Man spreche nur nicht vag von Schutz, ohne nach der bestimmten Art desselben zu fragen. Auch der oben gedachte neue Benützer, der die Sache soeben erst durch Irrtum oder heimlich oder mit Gewalt von dem bisherigen sich angeeignet hat, der also Eigenmacht geübt hat (auch auf Irrtum beruhende Benützung erlaube ich mir hier, nur insofern sie doch nicht mit Zustimmung des bisherigen Benützers erfolgt, unter Eigenmacht zu subsumieren*), wird gegen Eigenmacht geschützt, dasselbe Princip schützt ihn und schützt gegen ihn.

Wem er die Benützung entzogen hat, der wird gegen ihn geschützt, und er gegen jeden, der ihm die Benützung entzieht. Der Entzieher wird zur Restitution verpflichtet, nicht weil in seiner Person ein Grund läge, warum er weniger berechtigt sein sollte, das Ding zu geniessen, als jener andere, sondern weil principiell die eigenmächtige Entziehung als solche verboten ist und daher eventuell rückgängig gemacht werden soll. Nichts anderes als die gegen ihn verübte Eigenmacht braucht der Kläger geltend zu machen und aus keinem anderen Grunde als aus diesem wird jener zur Störungsunterlassung oder zur Herausgabe verurteilt. Und auch der eigenmächtige Erwerber wird gegen jedes andern Eigenmacht geschützt durch dieselbe Klage, auch gegen die Eigenmacht des Eigentümers und gegen die des bisherigen Benützers. Wer die Sache in Gebrauch nehmen will, hat sein Recht darzutun, und jener, der die Sache so eben erst eigenmächtig erworben hat, hat blos als tatsächlicher Benützer wiederum das bessere Recht gegen jede andere Eigenmacht.

Es ist dasselbe eine Princip, welches einen gedachten tatsächlichen Benützer und Gewalthaber, von dessen Erwerbsart principiell abstrahirt wird, gegen den eigenmächtigen Entzieher, und diesen wiederum gegen jeden eigenmächtigen Entzieher schützen lässt.

Es kommt absolut nichts darauf an, ob man den Bestohlenen und Beraubten noch „Besitzer" sein lässt oder nicht. Nach dem Wortsinne ist er es selbstverständlich nicht. Aber wenn man eben dies als das Wesentliche des Besitzinstitutes anzusehen pflegt, dass der Kläger nicht Eigentum zu beweisen braucht, sondern nur seine bisherige Benützung und die Art des Ueberganges an den Beklagten, und wenn doch eben diese Art des Ueberganges von der Rechtsordnung verneint und deshalb Wiedereinräumung

---

*) Wenn der Tradent irrtümlich eine Sache übergibt und der Empfänger dies nicht bemerkt, wird man das Wort „Eigenmacht" nicht anwenden zu können glauben. Aber es kommt auch nicht darauf an; ich brauchte es nur der Kürze wegen. Jedenfalls erfolgt die Benützung von Seiten des Empfängers ohne wirkliche Zustimmung des bisherigen Benützers; sie ist ja der Voraussetzung nach eine irrtümliche.

oder Rückgabe an den bisherigen Benützer geboten wird, so könnte, ja so müsste der Bestohlene und Beraubte in diesem technischen blos die Rechtsstellung berücksichtigenden Sinne auch noch Besitzer genannt werden.

Nach dem Wortsinne sind Dieb und Räuber Besitzer, und rechtlich sind sie es, insofern sie — wenigstens nach meiner Folgerung aus meinen Voraussetzungen — gegen jeden Dritten, der die Sache ihnen stiehlt oder raubt, geschützt werden müssen. Dass sie selbst gegen jeden andern Dieb oder Räuber geschützt werden müssen, hat nicht den Sinn, dass die Rechtsordnung ihnen zur Belohnung den Genuss der Sache zugedacht habe, sondern den, dass Eigenmacht möglichst verhindert werden soll, also aus demselben einen Princip in allen Fällen zu verbieten ist. Dass Diebstahl oder Raub vorgekommen ist, kann kein Grund sein, denselben, soweit es auf die Privatrechtsordnung ankommt, in Beziehung auf die gestohlene oder geraubte Sache principiell frei zu geben. Wer meint, der Dieb und Räuber dürfe nicht den ungestörten Genuss der Sache haben, mag verlangen, dass das gestohlene oder geraubte Gut, wenn sich der rechtmässige Besitzer nicht meldet resp. nicht zu finden ist, konfiscirt werde, nicht aber, dass weiterer Diebstahl und Raub gestattet werde. Ist also die Folgerung, dass der Dieb und Räuber gegen jeden andern Dieb und Räuber geschützt wird, gerechtfertigt, so sind sie auch von dieser Seite her rechtlich Besitzer. Beide aber, der Dieb und der Bestohlene, der Räuber und der Beraubte, können doch nicht zugleich Besitzer derselben Sache sein.

Also aus dem Besitz, wie einem natürlichen Zustande, können keine Rechte deducirt werden, vielmehr ist alles das, was als „Besitzesschutz" zusammengefasst wird, Sache legislatorischer Erwägung, welche aus dem letzten Zweck und Sinne der Rechtsordnung bestimmte Rechtsfolgen an bestimmte Tatsachen knüpft.

Wer also irrtümlich eine Sache, die ihm nicht gehört, in Benützung genommen hat, hat nicht ihren wahren Eigentümer ausfindig zu machen, um sie diesem zu restituiren, sondern hat sie demjenigen zu restituiren, aus dessen Benützung er sie genommen hat, unbekümmert darum, welches Recht dieser letztere zu ihrer Benützung gehabt haben mag, und ebenso wer sie doloser Weise an sich gebracht hat. Wer aber die Sache als die seinige erkennt, sich seines besseren Rechtes bewusst ist, der soll die Hülfe der Rechtsordnung in Anspruch nehmen; Eigenmacht ist auch ihm untersagt. Aus dem Dargelegten würde also folgen: wenn jemand die bisher von ihm benützte Sache dem eigenmächtigen Entzieher eigenmächtig wieder wegnimmt, so hat er sie letzterem als tatsächlichem Besitzer zu restituiren, wenn er aber bei den Organen der Rechtsordnung die eigenmächtige Entziehung desselben geltend macht, so wird dieser zur Rückgabe verpflichtet, gleichviel wie der Kläger zu der Sache gekommen sein mag.

Ich betone wiederum: ich zeige die Folgerungen aus bestimmten Voraussetzungen und brauche mich dabei um die Gebilde, welche der auf Regulirung der Sachbenützungen gerichtete Rechtswille in der geschichtlichen Entwicklung unter Einwirkung bestimmter äusserer Verhältnisse hervorgebracht hat, nicht zu kümmern. Von dem Unterschied zwischen dem blossen Detentor und dem eigentlichen Besitzer kann ich unten erst handeln; hier ist er gleichgültig. Meine Folgerung verlangt principiell für jeden tatsächlichen Benützer gegen jeden Dritten (unter vorläufigem Absehen von der Stellung des Detentors gegenüber dem sogenannten „Besitzherrn") denselben Schutz.

Der Entwurf eines bürgerlichen Gesetzbuches für das deutsche Reich bestimmt anderes.

§ 819 heisst: „Derjenige, welchem die Inhabung durch verbotene Eigenmacht entzogen ist, hat gegen den Inhaber, welcher ihm gegenüber fehlerhaft innehat, den Anspruch auf Wiedereinräumung der Inhabung.

Der Anspruch ist ausgeschlossen, wenn der frühere Inhaber gegenüber dem gegenwärtigen Inhaber fehlerhaft innehatte."

Und § 820: „Ist der Inhaber durch verbotene Eigenmacht in der Inhabung gestört, so hat er gegen den Störer den Anspruch auf Wiederaufhebung der Störung; sind weitere Störungen nach den Umständen zu besorgen, so kann er die Verurteilung des Störers zur Unterlassung weiterer Störungen verlangen.

Die Vorschriften des ersten Absatzes finden keine Anwendung, wenn der Gestörte gegenüber dem Störer fehlerhaft innehat."

Der 2. Absatz dieser §§ berechtigt den Erleider verbotener Eigenmacht gegen den Entzieher behufs Wiedererlangung seiner Inhabung selbst Eigenmacht zu üben, resp. solche Handlungen vorzunehmen, welche sonst als verbotene Eigenmacht gelten,

d. h. also die Sache dem Entzieher heimlich oder mit Gewalt wegzunehmen.

Nach meiner obigen Folgerung sollte auch der Besitzer, auch der Eigentümer, sich aller Eigenmacht enthalten, müsste also im Besitzprocesse verurteilt werden die dem eigenmächtigen Entzieher eigenmächtig wieder weggenommene Sache jenem herausgeben.

Der Entwurf verfährt so zu sagen menschlicher. Das Rechtsgefühl des Volkes hat er für sich, und unter Umständen ist es auch erheblich leichter und bequemer, die gestohlene oder geraubte Sache dem Diebe oder Räuber bei guter Gelegenheit wieder abzunehmen, als eine Klage zu verfassen, an richtiger Stelle einzureichen und dann im Termin zu erscheinen. Das sei zugegeben. Aber dennoch muss ich geltend machen, dass diese Erlaubniss der Selbsthülfe das Princip des Besitzesschutzes vollständig umwirft.

Setzen wir voraus, dass der Dieb und Räuber im Bewusstsein seiner Schuld die eigenmächtige Wiederwegnahme sich gefallen lassen, sich bei ihr beruhigen wird, so wäre die Abkürzung des Verfahrens empfehlenswert. Und diesem Interesse mag es ja auch dienen, wenn der eigenmächtige Entzieher weiss, dass ihm gegen die Eigenmacht des von ihm Beeinträchtigten keine Besitzklage etwas hilft. Allein dem steht einerseits entgegen, dass das Recht zur eigenmächtigen Rekuperation des eigenmächtig Entzogenen sowol als Vorwand benützt werden als auch durch Irrtum zu erheblichen Unzuträglichkeiten führen kann, und andererseits verlangt auch die Theorie die Wahrung des Princips. Das Verbot der Eigenmacht muss durchgeführt werden. Praktisch mag es ziemlich wertlos sein, denn es wird gewiss selten vorkommen, dass der Dieb und Räuber gegen die eigenmächtige Rekuperation des Bestohlenen und Beraubten die Besitzklage erhebt, aber es lohnt sich doch die Konsequenz des Princips anzuerkennen. Das Gesetz kann nicht einfach zu Gunsten des Bestohlenen und Beraubten eine Ausnahme von dem Verbot der Eigenmacht machen, sondern muss anerkennen, dass auch der eigenmächtige Rekuperant zu restituiren hat. Der praktische Erfolg, welcher gewünscht werden kann, liesse sich erreichen, wenn der beklagte eigenmächtige Rekuperant sofort gleichfalls als früherer Besitzer (bis zu der vom Kläger ausgeübten eigenmächtigen Entziehung) den Kläger verklagen könnte. Der Entwurf sagt: der eigenmächtige Entzieher hat überhaupt nicht das Recht Restitution zu verlangen; ich sage, principiell muss er es haben, aber es nützt ihm freilich nichts, da er resp. wenn er doch sofort durch die Besitzklage des von ihm Vergewaltigten zur Restitution an diesen verpflichtet wird. Dass dann die erste Entscheidung durch die zweite aufgehoben, also nicht erst exekutirt zu werden, ja nicht erst ausgesprochen zu werden braucht, versteht sich von selbst und kann nicht zum Anstoss gereichen. Im Grunde hat die Bestimmung des Entwurfs doch auch keinen andern Sinn, als den, dass der erste Erleider der Eigenmacht doch als früherer Besitzer das bessere Recht hat, dass ihm die Sache nach dem Recht des Besitzes gehört. Oder warum sonst?

Die berühmte Unabhängigkeit des Besitzschutzes von der Rechtsfrage beruht doch nur auf dem Verbot der Eigenmacht und — was darin eingeschlossen — dem Gebot der Herstellung des *status quo* vor Ausübung der Eigenmacht. Die Unabhängigkeit von der Rechtsfrage ist insofern keine uneingeschränkte, als der Kläger nicht bloss seinen Besitz (sc. bis zur Entziehung von Seiten des Beklagten) darzutun hat, sondern auch die Art, wie Beklagter in den Besitz oder in die tatsächliche Benützung und Herrschaft gelangt ist, welche eben als Ausübung von Eigenmacht eine unrechtmässige ist. Ihering „Grund etc." S. 142 „Kläger hat nichts zu beweisen, als seinen bisherigen Besitz und die Art, wie derselbe von ihm an den Beklagten gelangte." Bei der Entgegensetzung von Besitzklage und Klage aus dem Recht ist wiederum der Doppelsinn resp. die Unklarheit des Begriffes Besitz verhängnissvoll. Wenn der Besitz so ausdrücklich dem Recht gegenübergestellt wird, so versteht sich doch von selbst, dass er als die reine Tatsache der Gewalt über ein Ding gedacht wird, und wenn er so gedacht wird, so hat der bisherige Besitzer den Besitz nicht mehr, nachdem er ihm der Voraussetzung nach entzogen worden ist. Er ist nicht mehr Besitzer, sondern der Entzieher ist es. Jener ist einmal Besitzer gewesen und wenn ihm „Besitzesschutz" zu Teil werden soll, so müsste man gleich hinzusetzen, dass es nicht gegenwärtigen, sondern früheren Besitzes Schutz sein soll. Wenn aber nicht gegenwärtiger Besitz gegen bevorstehende oder schon beginnende, gegenwärtige Störung, sondern einstiger Besitz gegen den gegenwärtigen tatsächlichen Besitzer geschützt werden soll, so kann doch handgreiflich von einer Unabhängigkeit des „Besitzschutzes" von der Rechtsfrage keine Rede sein. Dann wird auch nicht der tatsächliche Besitz geschützt, denn den hat der Beklagte, sondern das Recht, welches der einstige Besitzer als solcher hat, welches er einst durch die Tatsache seines Besitzes erworben hat. Es ist das Recht auf Fortgenuss mit Vorbehalt zu Gunsten des Besserberechtigten. „Besserberechtigt" ist relativ; wem gegenüber? Jeder ist der Besserberechtigte gegenüber dem eigenmächtigen Entzieher; dieser ist als solcher gegenüber dem Erleider seiner Eigenmacht der Schlechterberechtigte. Also kann Besitzklage und Rechtsklage gar nicht so, wie es häufig geschieht, einander entgegengesetzt werden. Eine Rechtsfrage muss bei der Besitzklage immer entschieden werden. Nur das absolute Recht des Klägers auf die Sache bleibt ausser Frage. Aber dass der bisherige Benützer das bessere, der eigenmächtige Entzieher als solcher das schlechtere Recht hat, dass jener diesem gegenüber das Recht auf Fortbenützung der Sache hat, ist doch wol eine Rechtsfrage.

Wir fragten, welche Sachbenützungsrechte an welche Merkmale geknüpft sein sollen, und fanden die Antwort, dass ausser dem definitiven Sachgenussrecht des Eigentums auch ein vorläufiges Sachgenussrecht gewährt wird, insofern die tatsächliche Benützung einer Sache gegen jede eigenmächtige Störung geschützt wird. Jeder eigenmächtige Störer oder Entzieher hat demjenigen zu restituiren, der unmittelbar vor ihm die tatsächliche Benützung gehabt und seine Eigenmacht erlitten hat. Das Princip ist vollständig klar. Wenn eigenmächtige Störung abosolut nicht sein soll, so ist sie, wenn sie geschehen ist, einfach rückgängig zu machen, d. h. so ist derjenige Stand der Dingbenützungen oder Benützbarkeiten wiederherzustellen, welchen die Eigenmacht gestört hat. Jeder Erleider der Eigenmacht ist gegenüber dem Ausüber derselben der Besserberechtigte, der das Recht auf Restitution hat. Ob, wenn eine lange Reihe eigenmächtiger Aneignungen stattgefunden hat, die Sache von Hand zu Hand rückwärts zu dem relativ immer wieder besser Berechtigten wandern muss, ist eine Frage, welche ja in Verlegenheit setzen kann.

Wenn A die Sache dem B, B dem C, C dem D, D dem E, E dem F eigenmächtig entzogen hat, und wenn F nicht sein Eigentum an der Sache beweisen kann oder will, kann er nicht

seinen einstigen Besitz geltend machen? Wenn das aus dem
Besitz folgende Recht gegen den eigenmächtigen Entzieher nicht
verjährt ist, so muss A die Sache dem B, B dem C, C dem D,
D dem E und E dem F restituiren. Ich brauche mich nicht
darum zu kümmern, ob das römisch ist, jedenfalls ist es konsequent. Man meint, F und E und D und C seien ja nicht mehr
Besitzer. Aber ist B mehr Besitzer? Tatsächlich besitzt A.
(„Besitz" natürlich in dem Sinne der tatsächlichen Sachbenützung
genommen.) Wenn der tatsächliche Besitz des gegenwärtigen Augen-
blickes entscheidet, so besitzt B nicht mehr, könnte also auch
nicht als Besitzer klagen. Oder macht die Zeitdauer der Besitzent-
setzung den wesentlichen Unterschied? Kann der Beeinträchtigte,
wenn die Entziehung erst vor 24 Stunden begangen ist, als
Besitzer klagen, wenn sie aber länger her ist, nicht mehr? Hat
das Sinn? Oder ist dies das Wesentliche, dass der unrechtmässige Aneigner nicht selbst wieder die Sache an einen andern
verloren hat? Ja freilich, wenn er sie nicht mehr hat, kann
er sie nicht wiedergeben, aber warum soll er sie nicht bekommen?
Das war ja die Frage. Blos weil das ganze Ereigniss länger
als 24 Stunden oder als eine Woche her ist? Aus dem einzig
möglichen Princip des Besitzschutzes gegen Eigenmacht, wenn
es sich nicht selbst aufheben soll, geht hervor, dass A dem B,
und B dem C und C dem D etc. zu restituiren hat. Und wenn
die Reihe der unrechtmässigen Aneigner von A—F bewiesen
werden kann, so muss oder müsste A direkt dem F restituiren.

Etwas ganz anderes ist es, wenn der Schutz des redlichen
Erwerbers in Frage kommt — ein neues Princip. Die legislatorischen Rücksichten, von denen ihre Beantwortung abhängt,
gehen uns nichts an. Nur dies verdient noch ein Wort, dass es
sich wirklich nur um solche handelt, nicht um eine Folgerung
aus dem Begriff des Besitzes. Dieser würde das Gegenteil lehren,
wenn nämlich — worauf alles ankommt — das Recht, welches
Besitz genannt wird, sich nicht mit der Tatsache des Besitzes
deckt, widrigenfalls das Recht höchst überflüssig ist, wenn also
das Recht des Besitzes sich zwar an die Tatsache des Besitzes
anknüpft, aber seinen Inhalt im Fortgenuss der Sache, bis ein
Besserberechtigter sich meldet, hat. Wenn letzteres der Fall ist,
so kann dieses Recht nicht dadurch aufgehoben oder beeinträchtigt
werden, dass der irrtümliche oder dolose Entzieher die Sache

einem solchen, der von 'der verübten Eigenmacht nichts weiss und ihn für den Eigentümer hält, tradirt. Der neue Erwerber hat kein besseres Recht als sein Tradent, und wenn er auch persönlich nicht Eigenmacht geübt hat, so beruht sein Verhältniss zur Sache doch nur auf der verübten Eigenmacht und behält diesen Charakter oder müsste ihn behalten, wenn nicht ein neues Princip rechtspolitischer und volkswirtschaftlicher Art den Schutz des redlichen Erwerbers gebieterisch verlangte. Mein wesentliches Interesse geht auf Betonung der Konsequenz aus den Voraussetzungen. Ist wirklich das Recht des Besitzes das Recht auf weitere Benützung der Sache, — widrigenfalls es ein inhaltsloses Recht wäre — ist es wirklich das ganze Benützungsrecht, vom Eigentume nur durch den Vorbehalt zu Gunsten des Besserberechtigten unterschieden, so muss der Besitzer das Ding, welches ihm eigenmächtig entzogen ist, von jedem, bei dem er es findet, zurückfordern können. Wer die Folgerung nicht anerkennt, muss andere Voraussetzungen gemacht haben. Jedenfalls kann es nicht wertlos sein, zu zeigen und zu betonen, wie unklar der Begriff des Besitzes war, wie verschiedene Voraussetzungen dieser Unklarheit gemäss ungeschieden in ihm Platz fanden, und dass sie geschieden werden müssen und demgemäss auch die Folgerungen verschieden ausfallen müssen.

Obige Darlegung des Principes habe ich nun noch gegen Ihering zu schützen. Er sagt zwar selbst sehr gut, Grund. S. 33: „Der Staat kann und wird stets dahin gelangen, die Gewalttat innerhalb gewisser Grenzen zu verbieten, und davon auch zu Gunsten des Bestohlenen und Beraubten dem Diebe und Räuber gegenüber keine Ausnahme machen in der legislativpolitischen Erwägung, dass die Selbsthülfe ein zweischneidiges Schwert ist, und dass er am besten tut, das Schwert der Gerechtigkeit selber in die Hand zu nehmen." Aber dies soll zur Erklärung des Besitzesschutzes nicht ausreichen, denn ibid. S. 63 „Der Staat mag allen Grund haben, Gewalttätigkeiten zu verbieten, daraus aber folgt durchaus noch kein Rechtsanspruch jener Personen gegen diejenigen, welche dieses Verbot übertreten haben, die Uebertretung liesse sich ebenso gut blos polizeilich oder kriminell ahnden; aus einer Uebertretung der Feuer- und Lichtordnung gewinnt der dadurch bedrohte Nachbar keine Klage." Allein der durchgreifende Unterschied besteht darin, dass in unserem Falle die Frage, wem nun die Sachbenützung zustehen soll, von vornherein gegeben ist, dass wir unter der Voraussetzung stehen, dass das Benützungsrecht an einer Sache durchaus principiell jemand zugesprochen werden muss, wenn die Sache nicht als herrenlos, also für jeden okkupirbar, angesehen werden soll, dass also das Verbot der Eigenmacht nur innerhalb dieses Rahmens gedacht wird, nur auf dem Boden der Disjunktion: „soll das Benützungsrecht an dieser Sache diesem oder jenem, dem eigenmächtigen neuen Benützer oder dem bisherigen Benützer zustehen?" seinen Sinn hat. Wenn jemand sich gegen die Feuer- und Lichtordnung vergangen hat, so wüsste ich gar nicht, welche andere Klage der dadurch bedrohte Nachbar gewinnen könnte, als die, dass die Uebertretung jenem aufs neue verboten resp. dass er zur Einschärfung des Verbotes in Strafe genommen wird. In unserem Falle aber steht der Voraussetzung nach der Genuss eines Dinges in Frage und ist die Rechtsordnung aufgefordert zu entscheiden, wer ihn haben solle. Wenn die Rechtsordnung verbietet, ein Ding in Benützung zu nehmen, was schon ein anderer in Benützung hat, so handelt es sich doch eben um die Frage, wer es benützen solle. Iherings blos kriminelle Ahndung wäre nur in dem einen Falle ein möglicher Gedanke, wenn der erwiesene oder notorische Eigentümer Selbsthülfe übt. Dann könnte wol das Recht (oder ein Recht) zu ihm sagen: „weil du mein Gebot verletzt hast, sollst du zwar die und die Strafe erleiden, aber, da ich weiss, dass dir das Ding wirklich gehört, so darfst du es selbstverständlich behalten." Wenn aber doch die Notorietät des Eigentümers nicht feststellbar ist, wenn unendlich viele es zu sein glaubten und zu sein vorgaben, die es nicht waren, wenn die zum Beweis des Eigentums anzuführenden Tatsachen schwer erweisbar sind, wenn die Rechtsgründe verschiedene Auffassung und Anwendung zulassen, so wird es principiell von der Eigentümerqualität des Gewalttätigen absehen und nur die Tatsache aus seinem Princip beurteilen, dass jemand eine Sache in seiner Benützung hat und ein anderer sie ihm mit Gewalt oder heimlich wegnimmt. Wenn nun principiell die Benützungen der Dinge geregelt sein sollen, wenn demnach also nur bestimmte Arten des Erwerbs rechtlich gestattet sind und wenn jemand aus blosser Begehrlichkeit, nicht auf eine der rechtlichen Erwerbsarten, sondern heimlich oder mit

Gewalt sich ein Ding aneignet, welches bisher ein anderer in Benützung hatte, wäre es dann wol denkbar, dass das Recht zwar die Verbotsübertretung ahndete, das Ding selbst aber dem Uebertreter überliesse? Ist es dann nicht die einzig mögliche und unvermeidliche Massregel, die nicht seinsollende Handlung, so weit möglich, d. h. also im Erfolg, rückgängig zu machen, wie oben schon gesagt wurde, den *statusquo* vor der Verbotsübertretung wieder herzustellen? Das Verbot der Eigenmacht und die Restitution an den Erleider der Eigenmacht folgt direkt aus dem Regulirungswillen, ist eigentlich nur eine negative Wendung desselben. Sagt das Recht: ich teile jetzt, damit Ordnung sei, jedem zu, was zu seiner ausschliesslichen Verfügung stehen solle, so ist *eo ipso* zugleich gesagt „und keiner soll solches in seine Benützung nehmen und sich dessen bemächtigen, was ihm nicht zugeteilt worden ist oder was er nicht auf eine der zugelassenen Arten und Weisen erworben hat,“ und so ist ferner damit zugleich gesagt „wer aber etwas, was ihm nicht zugeteilt worden ist, also was ihm nicht gehört, sich genommen hat, der tue es dorthin zurück, woher er es genommen hat, bringe es an seinen vermögensrechtlichen Ort zurück d. h. zu seinem bisherigen Besitzer und stelle somit eben diejenige Ordnung, welche er gestört hat, wieder her. Der Störer hat nur eben seine Störung wieder gut zu machen.

Demnach will die Rechtsordnung allerdings die Bewahrung des jedesmaligen tatsächlichen Zustandes, wie wunderlich, ja wie vollständig falsch und unmöglich dies auch manchem vorkommen wird. Sie bejaht sie freilich nicht schlechthin, wol aber gegenüber aller Eigenmacht. Das ist dieselbe oder eine ähnliche Schwierigkeit, wie in meiner Lehre von den Befugnissen (s. Begriff des subjektiven Rechts S. 58 ff.), welche in gleicher Weise missverstanden worden ist. Das Recht will nicht aus eigener Wahl, dass das Subjekt gerade dies oder jenes, was zu seinen Befugnissen gehört tue, aber es will es, soweit das Tun, zu dem das Subjekt sich entschlossen hat, davon abhängt, dass es nicht durch die Willkür anderer verhindert wird. Und ebenso sanktionirt das Recht den bestehenden Zustand der Sachbenützungen nicht in dem Sinne, als wenn es ihn als Ideal socialer Verhältnisse sich erdacht und mit seiner Machtvollkommenheit hergestellt hätte, als wenn er positiv seinem Princip entspräche, wol aber will es in jedem Falle seine Erhaltung, so weit sie von der Enthaltung von eigenmächtiger Störung abhängt. War das Verbot der Eigenmacht gleichbedeutend mit dem Princip des Rechts, die Sachbenützungen zu regeln, so ist die Restitution an den tatsächlichen Benützungsvorgänger nur die Durchführung dieses Principes, eine stete Anwendung desselben.

Der Erläuterung des Schutzes gegen Eigenmacht mag auch die Auseinandersetzung mit Bekker dienen. Wenn er, Recht des Besitzes S. 230, sagt: „*possessio* ist ursprünglich das greifbare Verhältniss zur Sache, und wenn der Magistrat dem „*possidens*" Vindicien und Beklagtenrolle zuweist, so gibt er genau besehen demselben kaum etwas; er nimmt ihm nur nichts; du behältst, was du hast, da du es einmal hast; bis dahin soll dir jeder eigene Nachweis des zu Recht Habens erlassen sein" und in der Anmerkung hinzufügt „gemehrt wird nicht der Bestand der Güter, sondern gewährt werden Vorteile in Beziehung auf den Genuss und Schutz derselben", so korrigirt er sich selbst. Denn es handelt sich eben um den Schutz, speciell darum, dass er nicht von dem eignen Nachweis des zu Recht Habens abhängig sein soll, dass das Recht das blosse greifbare Verhältniss zur Sache (innerhalb bestimmter Grenzen, also mit Vorbehalt) sanktionirt. Ich acceptire im Wesentlichen die Bekker'sche Entgegensetzung „*possessio* ist jetzt*) nicht mehr irgendwelcher bleibende Zustand, sondern „*possessio*" ist eine gewisse Summe von Berechtigungen, die einer Person (die dieselben erworben und noch nicht wieder verloren hat) zusteht" 232 und ibid. „Das Wort, das früher zur Bezeichnung des Tatbestandes gedient, wird jetzt von den Rechtsfolgen verstanden", muss aber doch noch Folgendes geltend machen. Dass man *possessio* als Bezeichnung des Tatbestandes im Gegensatz zu den Rechtsfolgen brauchen kann und dass es auch so gebraucht worden ist, ist unbestritten und unbestreitbar. Aber im Obigen „*possessio* ist ursprünglich das greifbare Verhältniss zur Sache, und wenn der Magistrat etc.", sind eben auch schon Rechtsfolgen hinzugefügt, welche in einer Summe von Berechti-

*) sc. nachdem der Satz, dass Besitzer sei, wer als solcher körperlich erscheine, sich auf die Dauer gegen die, zumal bei unbeweglichen Sachen sich wiederholenden Wahrnehmungen nicht behaupten gekonnt habe und man zu dem Satze übergangen sei, Besitzer ist, wer Besitzer geworden ist, einmal in ein bestimmtes körperliches Verhältniss zur Sache getreten ist. (S. 230.)

gungen bestehen, nämlich dem Schutz gegen Eigenmacht, gegen jeden der nicht sein besseres Recht nachweist. Den Unterschied finde ich nur darin, dass diese Rechtsfolgen das eine mal nur an „das greifbare Verhältniss zur Sache" geknüpft waren, d. h. an einen gegenwärtigen Zustand, das anderemal aber („*poss.*ist jetzt") von der Gegenwart solch sinnlich wahrnehmbarer Merkmale abgesehn wurde. Man kann auch nicht sagen, die Meinung, dass Besitzer sei, wer als solcher körperlich erscheine, habe sich gegen die zumal bei unbeweglichen Sachen sich wiederholenden Wahrnehmungen nicht behaupten können, denn Wahrnehmungen waren es doch nicht, welche vom Gegenteil überzeugten. Wahrgenommen wurde eben die trotz Fehlens der Greifbarkeit der körperlichen Besitzererscheinung dennoch vorhandene Besitzerqualität nicht, sondern verlangt wurde sie vom Rechtsgefühl. Diesem haben wir nachzugehen. Dass es „Billigkeits- und Nützlichkeitserwägungen" sein mögen, welche uns auch wenn die Tatsache gegenwärtig wahrnehmbarer Benützung, auch wenn die Greifbarkeit des Verhältnisses fehlt, die mit dem Wort Besitz bezeichneten Berechtigungen zusprechen lassen, will ich nicht bestritten haben. Aber nicht klar ist mir, dass es legislatorisch zu sondernde Fragen sind: „wem im Eigentumsstreit die bessere und bequemere Stellung gebührt; und wer berechtigt sein soll im Falle eingetretener oder auch nur drohender tatsächlicher Störung seines Verhältnisses zu einer Sache durch andere, ohne Nachweis eines stärkeren Rechts auf Schutz und Entschädigung oder je nachdem auf Rückgabe der Sache wider die Störenden zu klagen" (ibid. S. 234). Wenn die Rechtsordnung der blossen Tatsache der Benützung eines Dinges die Bedeutung beigelegt hat, dass jeder andere, der die Benützung für sich in Anspruch nimmt, sein besseres Recht, des gegenwärtigen Benützers schlechteres Recht resp. Unrecht zu beweisen hat, so liegt darin die Voraussetzung, dass Eigenmacht durchaus verboten ist. Und aus dieser Voraussetzung folgt auch unmittelbar, dass die eigenmächtige Störung, so weit möglich, also wenigstens in ihren Wirkungen wieder gut gemacht werden soll, auch ohne Nachweis eines stärkeren Rechtes des Gestörten, resp. dass der Nachweis des bis zur erfolgten Störung gehabten tatsächlichen Besitzes, will sagen der bis dahin stattgefundenen Tatsache der Benützung eben *eo ipso* Nachweis des stärkeren Rechtes ist. Die „Zwiespältigkeit", dass der Entzieher doch sofort in der unmittelbar gegenwärtigen, greifbaren Körperlichkeit seines Verhältnisses zur Sache Besitzer wird und auch als solcher geschützt wird, sc. gegen Eigenmacht, dass aber doch auch der Erleider der Eigenmacht, der nicht mehr in demselben Sinne Besitzer ist, als Besitzer gilt, insofern er nämlich gegen den Entzieher kein anderes Recht nachzuweisen braucht, als dass er bisher die Benützung der Sache gehabt hat, insofern dies schon sein besseres Recht begründet, dies ist oben schon von mir erwogen worden. cf. S. 33 f. Vielleicht hilft auch hier die philosophische Reflexion historische Tatsachen zu verstehen. Doch will ich über letztere nicht geurteilt haben. Den Römern mag nicht klar gewesen sein, was ich klar zu machen mich bemüht habe, dass der Besitz, sofern man darunter die reine Tatsache ausschliesslich um ihrer selbst willen geschützt denkt, ein unmögliches, ein in sich widersprechendes Ding ist, dass die reine Tatsache zwar rechtliche Bedeutung erlangt, aber doch nicht ausschliesslich um ihrer selbst, ihrer eigenen Natur und Vortrefflichkeit willen, nicht absolut, sondern immer nur relativ in Ermangelung eines andern rechtlichen Entscheidungsgrundes, immer nur gegenüber dem eigenmächtigen Entzieher, nicht gegenüber dem Benützungsvorgänger, der die Eigenmacht erlitten hat.

Das Recht sagt zu jedem: wenn du die Sache, welche ein anderer jetzt eben in seiner Benützung hat, haben willst, so musst du dein besseres Recht nachweisen, aber dass du sie bisher gehabt hast, und dass sie durch Eigenmacht oder Irrtum in jenes andern Gewalt gekommen ist, lasse ich schon als dein besseres Recht gelten. Und wer eben die Restitution des ihm eigenmächtig oder durch Irrtum Entzogenen erstritten hat, dem kann sogleich das Gleiche passiren, indem sein Benützungsvorgänger ihm eigenmächtige oder auf Irrtum beruhende Entziehung nachweist. Der blosse Besitz ist also ein unmögliches Princip; nur Oberflächlichkeit hat ihm den Schein, für sich selbst schon ein Princip zu sein, zukommen lassen; die Erwerbsart ist seine wesentliche Ergänzung, wenn auch immer nur nach der einen Seite, als die Erwerbsart des beklagten Benützungsnachfolgers. Und wenn es nicht so wäre, wenn wirklich die reine Tatsache des gegenwärtigen Besitzes (im natürlichen Sinne) das Princip wäre, so wäre der Begriff der *vitiosa*

possessio unmöglich. Er weist über den Begriff dieses blossen
Besitzes hinaus auf ein ergänzendes Princip, aus dem ersicht-
lich werden soll, warum die sonst an die Tatsache geknüpften
Rechtswirkungen gegebenen Falles doch nicht eintreten sollen.

Das Recht der Selbsthülfe.

Aus demselben Princip, welches alle Eigenmacht verbietet
und Restitution an den Erleider derselben verlangt, geht zugleich auch hervor, dass der tatsächliche Benützer (= Besitzer)
die ihm eben widerfahrende Eigenmacht mit Eigenmacht abwehren darf; *vim vi repellere licet.*

Das Princip schüzt den eigenmächtigen Entzieher gegen neue
Eigenmacht doch nur, wenn er tatsächlicher Benützer = Besitzer ist. Setzen wir voraus, dass er dies noch nicht ist,
sondern eben erst in der Ausübung der Eigenmacht begriffen
ist, so ist kein Grund zu finden, der ihn gegen die Abwehr des
Angegriffenen schützen lassen könnte. Die Rechtsordnung selbst
müsste dem letzteren nach ihrem Grundprincip sofort tatkräftige
Hülfe zu Teil werden lassen, und wenn sie das nicht im Stande
ist, so kann sie nur in ihrem eignen Interesse ihn als Aus-
führer ihres eignen Willens zur Abwehr ermächtigen.

Im einzelnen Fall können sich für die Entscheidung Schwierigkeiten ergeben, aber sie betreffen das Princip nicht und können
durch keine noch so kunstreiche Formulirung desselben überwunden werden.

Dass ich den Angreifer, der mir die Uhr aus der Tasche zu
reissen oder mich aus meinem eignen Hause hinauszuwerfen versucht, mit physischer Gewalt, Stoss und Schlag, zurückzuweisen berechtigt bin, und anderseits, dass ich, wenn ihm der Raub ge-
lungen ist, später einmal in seine Wohnung einzubrechen und
mir die Sache wiederzuholen resp. sie ihm mit Gewalt zu entreissen nicht berechtigt, sondern im letzteren Falle auf den
Weg der Klage angewiesen bin, ist nach Obigem klar. Aber
vieles kann zwischen diesen Extremen liegen. Ich darf dem
Räuber die geraubte Sache sofort im Kampfe wieder zu entreissen versuchen, und wenn er flieht, darf ich, wenn ich ihn
einhole, wiederum Gewalt anwenden. Aber wenn er mir eine
Zeit lang aus den Augen entschwunden ist — wieviel Zeit muss

verstrichen sein, um meinen Versuch, die Sache ihm wieder zu entreissen, nicht mehr als erlaubtes *vim vi repellere*, sondern als unerlaubte Eigenmacht gegen den Besitzer erscheinen zu lassen? Dürfen wir den Fluchtversuch des Räubers noch zu dem Akt des Raubes, der geschehenden Eigenmacht rechnen, so könnten wir sagen: zur Abwehr geschehender Eigenmacht ist jeder berechtigt Gewalt anzuwenden, nicht aber wenn die Eigenmacht vollbracht ist. Doch die praktischen Schwierigkeiten der Abgrenzung gehören nicht zu meiner Aufgabe. Ich hatte nur die erlaubte Selbsthülfe zu erwähnen und betone, dass sie nach dem aufgestellten Princip jedem erlaubt sein muss, welcher, wenn die Eigenmacht vollbrachte Tatsache ist, gegen den Eigenmächtigen nur die Tatsache seiner bisherigen Benützung und der vollbrachten Eigenmacht geltend zu machen braucht, um durch Richterspruch wieder in den Genuss der Sache gesetzt zu werden. Die Selbsthülfe ist also aus dem Princip jedem erlaubt, der sich tatsächlich in Genuss und Benützung der Sache befindet.

Es kann von dem vorgetragenen Standpunkte aus nicht zweifelhaft sein, dass auch der sog. Detentor, z. B. wer meine Sache für die Zeit meiner Abwesenheit in Verwahrung genommen hat, wer von mir den Auftrag annimmt, meine Sache irgend wohin zu tragen, auf den Bahnhof z. B., zur Selbsthülfe gegen jeden Dritten, der sie ihm eigenmächtig zu entziehen versucht, berechtigt ist, und ebenso, wenn die eigenmächtige Entziehung vollbrachte Tatsache ist, als bisheriger Benützer auf Herausgabe an ihn klagen kann.

Dass für den Mieter und Pächter dasselbe gilt, versteht sich von selbst. Dass auch die Zulassung der *actio injuriarum* und des *vim vi repellere* für dieselben die Anerkennung eines Benützungsrechtes, eines Rechtes welches besser ist, als das des Störers, einschliesst, habe ich im Begr. d. subj. Rechts S. 192 f. auseinandergesetzt. Es wird sich in den Fällen der Detention nur noch um die Stellung des tatsächlichen Benützers zum Besitzherrn und dessen Recht handeln. Darüber kann nur die besondere Art und Natur der tatsächlichen Sachbenützung Aufklärung geben, weshalb ich erst unten darüber handeln kann.

Ersitzung.

Zu den Essentialien des Besitzes wird der Erwerb des Eigentums durch Ersitzung gerechnet. Derselbe ist vorzugsweise geeignet, mein Princip und die Folgerungen daraus in scharfem Gegensatz klar hervortreten zu lassen. Ich will weder über die römische noch irgend eine andere Institution der Ersitzung etwas gelehrt haben, sondern nur hervorheben, was aus den gemachten Voraussetzungen hervorgehen kann, es den Fachmännern überlassend, ob und wie viel Gebrauch sie davon, sei es zum Verständniss gewordenen Rechts, sei es zur gesetzlichen Neuordnung der fraglichen Verhältnisse machen können. Es handelt sich im Folgenden selbstverständlich nur um die Grundbegriffe; demnach darf ich alle besonderen Bestimmungen, namentlich den guten Glauben und den Titel ausser Acht lassen.

Uebereinstimmend wird gelehrt, dass der ununterbrochene Besitz einer Sache nach Verlauf bestimmter Zeit — wie lange ist hier gleichgültig — sich in Eigentum umwandle. Was bis dahin nur Besitz war, wird, sobald die gesetzliche Frist abgelaufen ist, Eigentum; derselbe Mensch, welcher bis dahin nur das Recht des Besitzes geltend machen konnte, wird von diesem Augenblick an als Eigentümer anerkannt und geschützt. Wem bei dieser Einrichtung und dieser Theorie die Frage nach dem Begriff des Besitzes nicht als eine brennende erscheint, die Frage, wie in aller Welt es möglich sein soll, dass durch einen gesetzlich normirten Zeitverlauf etwas, was begrifflich Besitz war, nun Eigentum werde, wie denn der begriffliche Unterschied von Besitz und Eigentum zu denken sei, um dieses sein Verschwinden in Folge des Ablaufes einer bestimmten Zeit denkbar zu machen, für den gibt es überhaupt keine wissenschaftlichen Fragen. Aber nach allem, was ich über den Besitz gelesen habe, ist nicht die mindeste Aussicht, seinen Uebergang in Eigentum begreiflich zu machen. Am wenigsten nach dem Entwurf § 797, welcher Besitz gar nicht direkt definirt, sondern sich mit Angabe der Erwerbsart „Besitz wird erworben durch die Erlangung der tatsächlichen Gewalt mit dem Willen, die Sache als die seinige zu haben" begnügt. Vorausgesetzt ist dabei in späteren Paragraphen, dass möglicher Weise ein anderer

als der tatsächliche Gewalt- und Besitzwillensinhaber ein
besseres Recht auf die Sache hat. Wie soll dieses principiell
anerkannte bessere Recht verschwinden, so dass nun der Ersitzer als Eigentümer der Bestberechtigte ist?

Dieselbe Frage erhebt sich natürlich auch bei meiner oben
gegebenen Erklärung, nach welcher Besitz das an die blosse Tatsache der Inhabung geknüpfte volle Sachbenützungsrecht nur mit
Vorbehalt zu Gunsten eines etwaigen Besserberechtigten ist. Meine
Erklärung beansprucht nur den Vorzug, den Punkt, auf welchen alles
ankommt, gebührend hervorgehoben zu haben; sie zeigt das Problem in aller Schärfe. Sie zeigt aber auch zugleich definitiv, dass es
überhaupt absolut unmöglich ist, aus einem Begriffe des Besitzes zu
deduciren, dass Besitz sich mit der Zeit in Eigentum verwandeln
müsse. Und grade das ist das Wichtige, dass wir erkennen, dass
ausschliesslich praktische Rücksichten zu dieser positiven Satzung
führen, dass die Ersitzungsinstitution ein Machtwort der Rechtsordnung ist, welches nur direkt aus dem letztem Grunde alles
Rechtes (Sachenrechtes) gerechtfertigt werden kann. Das ist
auch im Allgemeinen nicht bestritten, wol aber ist nicht bekannt, oder wird doch nicht gebührend berücksichtigt, dass wir,
wenn doch die Ersitzung nicht wie von selbst aus dem Boden
des Besitzes hervorwächst, um so mehr Recht und Pflicht haben,
nach dem Sinn und der möglichen Begründung dieser Norm zu
fragen. Um den Sinn ist es mir in erster Linie zu tun. Den
landläufigen Theorien mache ich zum Vorwurf, dass sie im
Banne der römischen Begriffe (welche keineswegs als Ausfluss
einer absoluten Rechtsvernunft gelten dürfen, sondern nur historisch erklärt werden können) die Ersitzung wie ein natürliches
Gewächs behandeln und in dieser Unfreiheit weder rechtsphilosophisch den Sinn der Institution erfassen, noch die historischen
Formen und Begriffe wirklich historisch erklären.

Also im Interesse des Sinnes frage ich: wenn praktische
Rücksichten des Verkehrs verlangen, dass Besitz nach so und
so langer Zeit als Eigentum gelte, was heisst es? was heisst
dabei Eigentum?

Wenn nicht ganz andere Voraussetzungen gemacht werden
(und ich kann nicht genug betonen, dass ich nur aus meinen
Eingangs formulirten Voraussetzungen Folgerungen ziehen will),
so kann es absolut nichts anderes heissen als das, dass aller

und jeder Vorbehalt zu Gunsten eines etwaigen Besserberechtigten
wegfällt. Und was soll das Wegfallen heissen? Doch nur, dass
das Recht, welches als möglicherweise vorhandenes (eben das
bessere Recht) gedacht wurde, nicht mehr als solches anerkannt
wird, d. h. dass die Rechtsordnung dieses Recht aufhebt, der
bisherige Eigentümer also aufhört Eigentümer zu sein, dass er also,
wenn er nach Verlauf der Ersitzungsfrist aus seinem bis dahin
anerkannten Rechte klagen wollte, mit seiner Klage abgewiesen
wird, aus dem Grunde, dass sein Recht in Gemässheit dieser
positiven Norm nun aufgehört habe zu existiren. Nun muss ich
den herrschenden Theorien gegenüber (sonst hätte ich nicht nötig, die Sache breit zu treten) recht genau zu überlegen bitten:
warum wird die Klage des bisherigen Eigentümers nicht mehr
gehört? Hat der Ersitzer Eigentum gewonnen, weil es der bisherige Eigentümer nicht mehr hat resp. haben soll? Oder soll
es der bisherige Eigentümer nicht mehr haben, weil es der Ersitzer haben soll?

§ 889 des Entw. sagt: „Mit dem Erwerbe des Eigentums
durch Ersitzung erlöschen zugleich alle sonstigen an der Sache
vor dem Erwerbe des Besitzes begründeten Rechte Dritter" als
wenn vorherginge „mit dem Erwerbe des Eigentums durch Ersitzung erlischt das Eigentumsrecht des bisherigen Eigentümers."

Aber warum soll denn das Recht von diesem auf jenen, den
Ersitzer übergehen? Wodurch hat letzterer es verdient? Ist
der soundsovieljährige tatsächliche Besitz ein solches Verdienst,
dass der Besitzer blos um seinetwillen nun des Eigentumsrechtes
würdiger erscheint, als der bisherige Eigentümer, weshalb es
jenem zu- und diesem abgesprochen wird? Niemand hat bisher
dergleichen behauptet. Ich konstatire, dass alle alten und neuen
Erklärungen immer nur die Sicherheit des Verkehrs hervorheben. Wenn dies aber der Grund ist, dass der gutgläubige
Besitzer nicht unaufhörlich sich in Unsicherheit befinde, ob nicht
ein schon vor der Zeit seines Besitzes erworbenes Recht gegen
ihn werde geltend gemacht werden, so ist doch unzweifelhaft
und sonnenklar anerkannt, dass blos die Länge des Besitzes aus
sich selbst ihm noch keinen Vorzug vor dem wirklichen Eigentümer verleiht, dass dieser nicht an sich des Fortgenusses un-
würdiger erscheint, sondern dass das Recht sich etwa in folgenden Worten zu ihm wendet „Dein wolerworbenes Eigentumsrecht

soll dir unangetastet bleiben, aber du musst es in bestimmter Zeit geltend machen und darfst deine der Sicherheit im Geschäftsverkehr so dringend bedürftigen Mitmenschen nicht ewig in Ungewissheit lassen, ob du ein solches Recht hast und es noch einmal geltend machen wirst. Demnach gebe ich dir zur Geltendmachung eine bestimmte Frist, und wenn du diese verstreichen lässt, so wirst du mit deinem Rechte nicht mehr gehört werden." Das ist Klageverjährung. Dann hat der Eigentumsübergang in der Ersitzung absolut keinen selbständigen Grund und kein eigenes Princip, sondern fällt zusammen mit der Klageverjährung. Darf ich einen Augenblick voraussetzen, was ich unten sogleich begründen werde, dass nämlich mit der Klageverjährung auch das Recht erlischt, so kann ich behaupten: mit dem Wegfall des Rechtes des bisherigen Eigentümers, dessen Grund oben soeben genannt wurde, ist die Sache herrenlos geworden und muss als solche desjenigen Eigentum werden, welcher sie mit dem *animus sibi habendi* entweder, wie der Okkupant, in Gewalt und Benützung nimmt, oder als Ersitzer schon in Gewalt und Benützung hat.

Ich weiss, dass man Ersitzung und Klageverjährung als zwei ganz verschiedene Dinge behandelt. Es wäre historich und völkerpsychologisch höchst interessant zu untersuchen, wie die Römer zu ihren Vorstellungen über Ersitzung und Klageverjährung gekommen sind. Aber dass diese Vorstellungen als ewige Rechtswahrheiten uns heut noch bänden, dass meine rechtsphilosophischen Ueberlegungen schon blos durch ihren Widerstreit mit jenen einfach als falsch, als unmöglich, oder als Unsinn erwiesen wären, erlaube ich mir zu bestreiten. Wenn die Frist der Klageverjährung länger war, als die der Ersitzung, so kann ich nur die Absicht darin erkennen, dass der Wegfall des Vorbehaltes, die Sicherheit durch Untergang des Klagerechts demjenigen nicht oder doch nicht so bald zu Gute kommen sollte, welcher nicht Rechtsnachfolger des gutgläubigen Besitzers war, dass diesen Vorteil nur der redliche Besitzer bez. dessen Rechtsnachfolger haben sollte. Ob diese Absicht billigenswert ist, soll hier gar nicht beurteilt werden. Es kommt mir nur darauf an, dass sie wirklich vorgewaltet hat. Und wenn ich darin Recht habe, so ist es doch gewiss nicht mehr nötig, die Gedoppeltheit der Principien festzuhalten. Dann steht nichts mehr im Wege, anzuerkennen, dass doch die Ersitzung nur durch den Wegfall des Vorbehaltes und dass der Wegfall des Vorbehalts eben nur durch den Wegfall des Klagerechts zu Stande kommt. Dass die erzielte Sicherheit nur der Gutgläubige zu verdienen schien, ändert doch an dem Principe nichts.

Es ist also doch das eine und selbe Princip, welches der Ersitzung und der Klageverjährung zu Grunde liegt. Man sagt, gegen den Ersitzer habe der bisherige Eigentümer keine Klage mehr, weil er kein Eigentumsrecht mehr an der Sache habe, während er in der Verjährung die Klage nur durch den Nichtgebrauch verliere, woraus hervorgehen muss, dass er trotz Verlustes seines Klagerechts noch Eigentümer bleibe. Wer sollte es sonst sein? Aber wie kommt es denn im ersteren Falle, dass der bisherige Eigentümer sein Eigentum gegen den x-jährigen Besitzer verliert? Danach fragte ich oben schon. Die Antwort war: nicht durch einen natürlichen Verwandlungsprocess, sondern durch das Machtwort der Rechtsordnung. Dann folgt aber nicht der Verlust des Klagerechts des bisherigen Eigentümers dem Eigentumserwerb des Ersitzers nach als eine Wirkung dieses Ereignisses, — so wäre es, wenn sein Besitz sich durch einen natürlichen Process in Eigentum verwandelte —, sondern beide sind durch den einen Willensakt der Rechtsordnung zugleich gesetzt. Habe ich wirklich mit Recht von einem Machtspruch, von einem Willen der Rechtsordnung gesprochen, so ist doch zugleich Motiv und Zweck gesetzt, — die Sicherheit des Verkehrs —, und dann ist doch im Begriffe dieses Bezweckten der Wegfall des Vorbehalts zu Gunsten des Besserberechtigten und der Wegfall des Klagerechts desselben zugleich enthalten. Aber sein Klagerecht soll nicht durch Verjährung in Wegfall gekommen sein! Aber wodurch denn? Das hat oder hätte nur Sinn, wenn man sich auch die Verjährung als einen natürlichen Process (Schwund) vorstellte, Verlust des Rechtes durch Nichtgebrauch etwa wie tierische Organe durch Nichtgebrauch verkümmern. Aber auch die Wirkung der Verjährung ist Machtspruch, ist Wille der Rechtsordnung, auch dieser muss ein Motiv haben, und wiederum kann es kein anderes sein, als die Sicherheit des Verkehrs — genau dasselbe.

Der bisherige Eigentümer soll dem Ersitzer gegenüber sein Klagerecht durchaus nicht etwa durch Nichtgebrauch, sondern nur dadurch, dass dieser eben nun Eigentümer geworden ist, verloren haben! Das sind Worte, nichts als Worte! Wenn der Eigentümer aber rechtzeitig vor Ablauf der Ersitzungsfrist sein Recht geltend gemacht hätte, so hätte der Besitzer nicht ersessen, also hat er nur dadurch ersessen, dass jener nicht in dieser Zeit geklagt hat, also in Folge davon, dass jener von seinem Klagerecht nicht Gebrauch gemacht hat. Wenn er sein Klagerecht nach Ablauf der Ersitzungsfrist nicht mehr hat, so soll das von der stattgehabten Ersitzung herkommen, nicht von der Verjährung, — natürlich, weil diese ja eine längere Zeit braucht —, aber die Ersitzung kommt nur zu Stande durch Nichtgebrauch seines Rechts während der Ersitzungszeit! Das heisst doch nur, dass je nach Umständen und Zweckmässigkeitsrücksichten verschiedene Fristen für den Verlust des Klagerechts festgestellt sind.

Der Hauptunterschied soll ja aber der sein, dass die Klageverjährung allein für sich noch nicht Besitz in Eigentum verwandelt, sondern das Recht des bisherigen Eigentümers bestehen lässt.

Halten wir uns an die Definitionen. Klageverjährung heisst, dass in Folge des ohne Klageerhebung von Seiten des Berechtigten verstrichenen Zeitraumes der nachher erhobenen Klage nicht mehr Folge gegeben wird. Wenn sonst der Klageberechtigte Klage erhebt, d. h. bei dem Organ der Rechtsordnung unter Angabe des Tatbestandes den Antrag stellt, dass Beklagter etwas tue, so vereinigt die Rechtsordnung ihren Willen mit dem des Klägers und erteilt demgemäss dem Beklagten den Befehl: tue das; im Falle der (sc. als Einrede geltend gemachten) Klageverjährung aber sagt sie zu dem Kläger: jetzt kommst du zu spät; da du bisher nicht geklagt hast, so kann ich nicht mehr, deinem Willen entsprechend, an den Beklagten den Befehl richten: tue das. cf. Begr. des subj. Rechts S. 84. Und was heisst: er hat noch das Recht? Nach der ebenda gegebenen Erklärung auch nur dies, dass das obj. Recht den Willen des Subjektes bestätigend ihm entsprechend will, dass etwas geschehe oder nicht geschehe, ein Verpflichteter etwas tue oder nicht tue; also eigentlich dasselbe wie Klagerecht. Ist letzteres durch Verjährung weggefallen, so ist nicht ersichtlich, was von ersterem noch übrig bleibt. Es wäre ein Recht, dem jede praktische Bedeutung, also jede Bedeutung für den Vermögensstand des Berechtigten fehlt, als wenn das obj. Recht zu ihm sagte: „ich will zwar auch eigentlich noch, dass das geschehe, was du willst, aber bin doch nicht mehr in der Lage zur Realisirung dieses deines und meines eigenen Willens etwas zu tun, etwa an den Beklagten einen entsprechenden Befehl zu richten", ein Recht so gut wie gar keines. Ein blos theoretisches Recht ist ein hölzernes Eisen. Denn das Recht gehört ganz und gar, so zu sagen nach seiner ganzen Substanz, dem Praktischen, dem Gebiet des Fühlens und Wollens an.

Oder ist dieses Recht etwa wie die *lex imperfecta* cf. Begr. d. subj. Rechts S. 106? Dann müssten, wie in dem ebenda genannten Falle, bestimmte nennbare Hinderungsgründe der Geltendmachung des Willens entgegenstehen. Oder wie die Naturalobligation (cf. die metaphys.-naturwiss. Richtung etc. S. 840)? Die durch Klageverjährung nicht mehr einklagbare Schuld wird ja selbst zu den Naturalobligationen gerechnet. Von den anderen können wir absehen, weil die Rücksichten, welche Klagbarkeit ausschliessen, bei ihnen handgreiflich ganz andere sind, als in unserem Falle.

Die Hauptsache ist, dass dem Recht, welches in Folge von Klageverjährung nicht mehr realisirbar ist, doch noch ein Rest praktischen Wertes verbleibt — insofern der Richter sich *ex officio* um die Verjährtheit der Klage nicht zu kümmern hat, die Wirkung derselben also ganz davon abhängt, dass Beklagter dieselbe als Einrede geltend macht, dass die trotz der Verjährung erfolgte Leistung nicht als *solutum indebitum* zurückverlangt werden kann. Damit wäre ja allerdings meine obige Behauptung von dem blos theoretischen Recht widerlegt, aber durchaus nicht die von dem Zusammenhange der Ersitzung und der Klageverjährung.

Wenn der Verpflichtete aus Rechtsgefühl, Anstand, oder wie man es nennen will, oder auch aus Irrtum trotz der Verjährung seine Pflicht erfüllt, herausgibt, was herauszugeben er verpflichtet ist (resp. war), so findet keine Ersitzung statt; trotz Klageverjährung findet sie nicht statt, aber doch eben weil die Klageverjährung nicht berücksichtigt worden ist. Tatsächlich hat in diesem Falle keine Klageverjährung stattgefunden: vielmehr ist die Klage (da Beklagter die Einrede der Verjährung nicht machte) angenommen worden, resp. ist das Recht des Klägers trotz Verlaufs der Verjährungsfrist vom Beklagten anerkannt worden. Die Verjährung hätte geltend gemacht werden können ist doch noch etwas anderes als: sie hat stattgefunden. Der Gesetzgeber hat es eben dem Verpflichteten überlassen, unter diesen Umständen den Untergang des Eigentumsrechts des bisherigen Eigentümers herbeizuführen oder nicht; das ist Alles. Ohne seinen Willen findet Ersitzung nicht statt. Wenn sie aber stattfindet, so geschieht es nur auf Grund dessen, dass der bisherige Eigentümer während der Ersitzungszeit keinen Gebrauch von seinem Klagerechte gemacht hat und dass die Rechtsordnung eben deshalb sein Recht, Herausgabe der Sache zu fordern, nicht mehr anerkennt, und dass in Folge dessen derjenige, welcher schon die tatsächliche Gewalt mit dem *animus sibi habendi* hat, das Eigentumsrecht ebenso gewinnt, wie der Okkupant der herrenlosen Sache.

Ueber die Fortdauer des Rechts trotz Klageverjährung lese ich bei Windscheid Pand. I S. 360 (6. Aufl.): „Das persönliche Recht geht in dem nun verjährten Anspruche auf, es besteht in diesem Anspruch; der Untergang des Anspruchs ist also auch sein Untergang. Dagegen geht das dingliche Recht in dem verjährten Anspruche nicht auf; es ist ein Komplex von einer unbestimmten Mehrheit von Ansprüchen und diese Ansprüche, ausser dem verjährten Anspruche, dauern ungeschmälert fort." und dazu die Anmerkung: „Kommt dagegen nach Verjährung des Eigentumsanspruchs die Sache in den Besitz eines andern, der nicht Rechtsnachfolger desjenigen ist, welcher die Verjährung gegen den Anspruch vollendet hat, so kann der Eigentümer die Sache zurückfordern, als wenn gar keine Verjährung gegen ihn abgelaufen wäre; l. 8 § 1 C. *de praescr.* XXX 7. 39." Das trotz Klageverjährung noch bestehende Recht des Eigentümers ist hier auf die „unbestimmte Mehrheit von Ansprüchen" beschränkt, welche doch wol nichts anderes sein können, als die Ansprüche gegen die unbestimmte Anzahl von Personen, welche nicht Rechtsnachfolger des Verjährungsvollenders sind und das Ding in ihre Gewalt bekommen haben. Jedenfalls lässt sich dann nicht im Allgemeinen behaupten, dass das Recht trotz Klageverjährung fortbestehe, jedenfalls dem Verjährungsvollender gegenüber nicht.

Dass der Eigentümer die Sache von jedem, der nicht Rechtsnachfolger jenes ist, wiederverlangen kann, ist keineswegs eine selbstverständliche Folge aus dem Wesen der Sache. Wie Klageverjährung nur in Relation auf eine bestimmte Person stattfinden kann, ist eben das Wunderbare; mir scheint es ein Widerspruch in sich, der nur historisch aus der ganzen römischen Denkart und der Entwicklung der Verhältnisse zu erklären ist. Diese Satzung widerspricht dem Grundprincip. Denn der gutgläubige Erwerber, welcher die Verjährung vollendet hat, wird doch ebenso um die nötige Sicherheit gebracht, wenn er dem dolosen oder irrtümlichen Entzieher, wenn er als Verlierer dem Finder gegenüber nicht als Besitzer Herausgabe erwirken kann, sondern zusehen muss, wie nun plötzlich ein Eigentümer, der ihm gegenüber schon sein Recht verloren hatte, die günstige Gelegenheit ergreift und ihm die Sache wegschnappt.

Klageverjährung braucht also nicht Rechtsverlust zur Folge zu haben, wenn aber Ersitzung stattfindet, so geschieht es nur dadurch, dass sie ihm zur Folge hat, dass in Folge des Nichtgebrauchs des Klagerechts das Eigentumsrecht von dem bisherigen Eigentümer auf den bisherigen Besitzer übergeht, aus demselben einen Princip bei jenem erlischt, bei diesem entsteht. So weit also fallen Ersitzung und Klageverjährung zusammen. Daraus folgt vieles. Ich beschränke mich darauf, die Folgerungen zu zeigen.

Welchen Grund könnte es wol haben, dass die durch das Institut der Klageverjährung erstrebte Sicherheit im Geschäftsverkehr nur einem solchen zu Gute käme, der die Sache ununterbrochen so und so viel Jahre in seinem Besitz gehabt hat?

Ob in der Zeit der Unkenntniss, in der Zeit vorübergehenden Verlustes Besitz anzunehmen sei oder nicht, um daraus erst zu schliessen, ob diese Zeit in die Ersitzungszeit einzurechnen sei, kann gar nicht gefragt werden. Das heisst die Sache auf den Kopf stellen. Dass, wenn der Besitzer seinen Besitz verloren hat und ihn später wieder erwirbt, die Ersitzung für ihn aufs neue beginnen müsse, ist von diesem Standpunkte aus unbegreiflich.

Und wenn die Klage verjährt und damit nach Obigem das Recht des bisherigen Eigentümers erloschen, die Sache frei ist, muss, wer auch immer und gleichviel wie lange schon sie besitzt oder in Besitz nimmt, das Eigentum an ihr erwerben. Mag das Gesetz Ausnahmen und Einschränkungen machen, mag es namentlich je nach Umständen für verschiedene Fälle verschiedene Verjährungsfristen bestimmen, das ist alles Sache der Zweckmässigkeit und kann nur aus ihr erklärt werden, nicht aber aus Wesen und Begriff der Klageverjährung.

Wenn das natürliche Rechtsgefühl zu verlangen scheint, dass die Klage gegen den Dieb und Räuber nicht verjährt, so doch gewiss nur in dem Sinne, dass die Sicherheit des Verkehrs nicht zur Sicherung unredlichen Erwerbs dienen solle, dass das Eigentumsrecht des Bestohlenen und Beraubten nicht auf den Dieb und Räuber übergehen könne. Daraus ergibt sich aber auch nur, dass der Dieb und Räuber dem Bestohlenen und Beraubten zu restituiren hat, nicht aber, dass er dem Eigentümer auch dann zu restituiren habe, wenn dieser gar nicht der Bestohlene oder Beraubte ist. Nur wenn auch der Bestohlene oder Beraubte dem Eigentümer noch restitutionspflichtig war, mag sich die Vermeidung des Umweges empfehlen.

Aus diesem Zusammenfallen von Ersitzung und Klageverjährung ergibt sich nun aber auch eine Relativität des Ersitzungseigentums. Ersitzung kann nun auch wirklich nur so weit stattfinden, als sie mit Klageverjährung zusammenfällt, d. h., der Ersitzer gewinnt Eigentum als vorbehaltloses Benützungsrecht doch immer nur, insofern der Vorbehalt zu Gunsten desjenigen, dessen Klagerecht nun durch Verjährung erloschen ist, wegfällt, also immer nur in Beziehung auf diesen einen, vor dessen etwaigem besserem Rechte er nun vollständig sicher ist. Aus dieser Folgerung ergibt sich aber auch der Sinn der Anforderung, dass zur Ersitzung ununterbrochener Besitz gehöre, von welcher Anforderung eben nur Ausnahmen gemacht werden. Die Ersitzung in der gewöhnlichen Auffassung soll ein vorbehaltloses Sachbenützungsrecht, nicht blos im obigen Sinne relatives, sondern absolutes entstehen lassen. Der Ersitzungseigentümer soll niemandes besseres Recht zu fürchten haben; es soll mit der Ersitzung zugleich festgestellt sein, dass nun niemand auf der Welt ein besseres Recht habe. Und zu diesem Zwecke muss freilich principiell die Voraussetzung gemacht werden, dass der Ersitzer ohne Unterbrechung wirklich Besitzer der Sache gewesen ist, Besitzer genau im technischen Sinne genommen. Nur dann ist klar, dass auch wirklich, nachdem jenes einen Klagerecht verjährt ist, niemand anders ein besseres Recht hat. Aber das ist eben Voraussetzung. Es ist nicht

Rechtswirkung, dass nun ausser dem gedachten Einen auch niemand anders ein besseres Recht hat, als der Ersitzer, sondern es ist von vornherein vorausgesetzt. Wenn der Besitzer während der Ersitzungszeit die Sache einem anderen verkauft und sie gleich darauf sei es *dolos* sei es irrtümlich wieder in Benützung und Gewalt nimmt, so ist er von dem vorgetragenen Standpunkte aus nach Verlauf der Ersitzungszeit zwar gegen das Recht des ersten Eigentümers, aber gewiss nicht gegen das des Käufers geschützt, und hat nicht Ersitzungseigentum erworben. Oder wenn er während der Ersitzungszeit sich der Sache entäussert, aber die Bedingung ausmacht oder sich die Erlaubnis erbittet, die Sache fernerhin sei es gegen Miete sei es unentgeldlich, sei es auf Kündigung oder jederzeit widerruflich weiter in Benützung und tatsächlicher Gewalt zu haben?! Er hat nicht ersessen. Freilich wird man entgegnen, in diesen Fällen wäre er auch nicht unaufhörlich Besitzer gewesen. Ganz richtig. Aber deshalb sage ich eben, dass der entscheidende Umstand, von welchem ausser der Klageverjährung des ersten Eigentümers der Eigentumserwerb abhängt, durch die Anforderung des ununterbrochenen Besitzes in die Voraussetzung hineingepackt ist.

Und wer kann beweisen, dass dergleichen nicht geschehen ist? Weder Eigentum noch Besitz in diesem Sinne lässt sich beweisen. Die blosse Negation, also in unserem Falle, dass niemand ein besseres Recht hat, lässt sich überhaupt nicht beweisen, es sei denn durch eine Position, von welcher zugestanden ist, dass jenes zu Negirende durch sie ausgeschlossen ist. Aber welches wäre in unserem Falle das beweisbare Positive, durch welches jene oben so eben genannten Möglichkeiten ausgeschlossen wären, so dass man jeden, der sie behauptete, ungehört abweisen könnte, weil durch den positiven Beweis die Unmöglichkeit dessen, was er behauptet, schon hinlänglich festgestellt wäre?

Zeugen können angerufen werden. Aber kein Zeuge hat den Besitzer während der Ersitzungszeit unaufhörlich beobachtet, hat ihn wirklich nicht aus den Augen gelassen, um durch seine Aussagen beweisen zu können, dass keine jener Möglichkeiten jemals wirklich eingetreten ist. Dass ich über 30 Jahre in einem Hause wohne, können vielleicht manche bezeugen, auch dass sie noch nie gehört haben, dass ein anderer besseres Recht beanspruchte, aber niemand kann bezeugen, dass ich das Haus nicht ganz heimlich verkauft oder verschenkt und nur noch die Erlaubnis fernerer Benützung habe. Umstände und Zeugenaussagen können immer nur einen hohen Grad von Wahrscheinlichkeit, dass nichts dergl. geschehen ist, begründen. Von einem wirklichen Beweise kann nicht die Rede sein, nur von einer wolbegründeten Annahme. Principiell kann es immer nur auf den Gegenbeweis ankommen. Dass er nicht erbracht werden kann, ist des Besitzers kostbare Ueberzeugung; die Rechtsordnung als solche kann nichts davon wissen; sie muss es abwarten, ob sich jemand findet, der den Beweis zu erbringen sich anheischig macht.

Es kann also auch bei dem Erwerb von Ersitzungseigentum immer nur darauf ankommen, dass ein bestimmter Anspruch verjährt ist. Dass neue Ansprüche nicht entstanden sind, ist bei ununterbrochener Benützung und Gewalt, so weit sie überhaupt beweisbar ist, am wahrscheinlichsten; ist aber, auch wenn die Sache notorisch von Hand zu Hand gegangen ist, ebenso möglich. Wenn beweisbar ist, dass jeder der Zwischenerwerber während der Ersitzungszeit von seinem Vorgänger redlich erworben hat, so muss dieser Beweis, dass niemand ein besseres Recht hat, als es der letzte dieser redlichen Erwerber hat, gelten, um die durch die Klageverjährung frei gewordene Sache als sein Eigentum erscheinen zu lassen. Es kommt principiell doch nur darauf an, ob sich erkennen resp. ob und mit welchem Wahrscheinlichkeitsgrade sich annehmen lässt, dass während der Ersitzungszeit kein anderer ein besseres Recht an der Sache gewonnen hat; welches jedesmal die überzeugenden Gründe sein mögen, ist gleichgültig. Wenn jemand seine Sache verloren hat und selbst wiederfindet, versteht sich alles von selbst. Aber auch wenn er sie vom Finder zurückerhält, ist doch, worauf es allein ankommen kann, klar, dass dieser kein besseres Recht gewonnen hat, als der Verlierer, dem er sie ja eben nach dem Willen der Rechtsordnung zurückgibt. In welchen Fällen die Rechtsordnung selbst einen Restitutionsbefehl erlässt, in diesen Fällen ist doch durch diesen ihren eigenen Ausspruch festgestellt, dass der Restitutionspflichtige eben kein besseres Recht auf die Sache hatte.

Wenn fremde Sachen ohne unser Wissen auf unser Grund-

stück geraten und erst nach irgend wie langer Zeit, z. B. x Ta-
gen von uns bemerkt und in Benützung und Gewalt resp. in
Gewahrsam genommen worden sind, so beginnt nach der herrschenden Lehre unsere Ersitzung erst mit dem Zeitpunkt unserer
Wahrnehmung und Aneignung, weil wir ja vorher noch nicht
Besitzer gewesen sind. Nach dem oben Vorgetragenen gewinnen wir das Ersitzungseigentum an diesen Sachen, sobald die
Klage ihres bisherigen Besitzers verjährt ist, und diese Frist
beginnt natürlich mit der Entstehung seines Anspruches, und
dieser entsteht, sobald die Sache aus seinem Besitz gekommen
ist. Dass das Gesetz unter Umständen zu Gunsten des Besitzers
die Klageverjährung später beginnen resp. unterbrochen werden
lassen kann, ist eine andere Sache, die mich an dieser Stelle
nichts angeht.

Das wird unerträglich erscheinen, weil selbstverständlich
auch dem Besitzer der ohne unser Wissen auf unser Grundstück,
in unsere Wohnung geratenen Sachen, wenn er sie vor Ablauf
der Verjährung wieder gewinnt, die Zeit in welcher sie bei uns
gelegen haben, in seine Ersitzung einzurechnen ist. Dass eben
dieselbe Zeit in diesem Falle dem Besitzer der auf unser Grundstück geratenen Sachen, im anderen Falle aber, wenn dieser sie
nicht wiedergewinnt, uns in die Ersitzungszeit eingerechnet wird,
wird vielen als ein vollendeter Nonsens, als gelungenste *deductio
ad absurdum* meiner Theorie erscheinen.

Allein die Absurdität dieser Folgerung kommt ausschliesslich
aus der Art, wie man mit dem Begriffe des Besitzes umgeht.

Dieser Einwand ist genau das, was Ihering tadelnd „Be-
griffszwang" nennt. Der Name ist dem Scheine entnommen, in
Wahrheit ist es bei den Alten, wie bei den Neueren, eine
„metaphysisch-naturwissenschaftliche Richtung der Jurisprudenz",
welche die Meinung erzeugt, dass, oder doch so deduciren lässt,
als ob „der Besitz" ein natürlicher realer Zustand wäre, wie
Hitze und Kälte, Härte und Weichheit, aus welchem sich natürliche reale Folgen ergeben. Der Besitz, der hier allein in
Betracht kommen kann, sind die Rechtsfolgen, deren Zu- oder
Aberkennung von rein legislatorischen Erwägungen abhängt.

. Es ist absurd, dass in derselben Zeit, wenn der Besserberechtigte sich meldet, dieser, wenn er sich nicht meldet, der Besitzer
der Räume Besitzer der Sache gewesen sein soll. Aber man

muss nur wissen, dass der Besitz nicht eine Naturerscheinung ist, sondern einerseits die Tatsache der Benützung eines Dinges, andererseits der principiell an diese Tatsache geknüpfte Komplex von Rechtsfolgen. also der Wille der Rechtsordnung, welcher Zwecke setzt und sich stets den Umständen anpasst und mit ihnen ändert. Nach dieser Theorie also fällt das anstössige „Besitzer gewesen sein" weg.

Das dargestellte Princip des Besitzrechts mag sich nun in kurzer Auseinandersetzung mit anderen Ansichten bewähren.

Widerlegungen.

Keiner weiteren Widerlegung wert erscheint mir die von Ihering „Grund des Besitzesschutzes" S. 28 bekämpfte Willenstheorie.

Erwähnenswert ist die Ansicht, welche den Besitz als beginnendes, als künftiges Eigentum geschützt werden lässt. Sie ist absolut unhaltbar*), weil die Umwandlung der blos tatsächlichen Benützung in Ersitzungseigentum eben begrifflich davon abhängt, dass jener aus anderen Gründen geschützt wird. Wenn sich kein Grund fände, den blos tatsächlichen Besitz gegen Eigenmacht zu schützen, so könnte er sich niemals in Ersitzungseigentum verwandeln. Der blosse Wunsch, Eigentum konstatiren zu können, könnte dazu nicht führen; der Begriff der Ersitzung würde nie entstanden sein. Es würde ja jeder Grund zu der Entscheidung fehlen. welcher tatsächliche Benützer als künftiger Ersitzungseigentümer ausersehen sei und deshalb, damit die Ersitzung perfekt werden könne, geschützt werden müsse! Höchstens dass es einer sein solle, könne verlangt werden; dass es immer der frühere sein müsse, wäre ein Auskunftsmittel der Willkür. Sein Besitz würde geschützt werden, weil er aus einem anderen Grunde in Ersitzungseigentum übergehen soll, nur um dieses Zweckes willen, nicht aber würde Ersitzungseigentum entstehen, weil der Besitz, um seiner selbst willen geschützt, so und so lange angedauert hat. Letzteres ist aber der Sinn des Wortes Ersitzungseigentum. Wenn doch dies gerade von jedem bei diesem Worte als wesentlicher Grund gedacht wird, dass sich so und so lange kein Besserberechtigter

---

*) Ganz abgesehen davon, dass gegen Eigenmacht auch solcher Besitz geschützt wird, welcher sich nicht in Ersitzungseigentum umwandeln kann.

gefunden hat, so muss der Begriff des Besserberechtigten oder des besseren Rechts des Erleiders der Eigenmacht von dem der beginnenden Ersitzung unabhängig sein. Sie kann unmöglich Grund des Besitzschutzes sein.

Dass der Besitz dennoch in einer Beziehung zum Eigentum steht, versteht sich von selbst; diese Beziehung ist nur genauer zu bestimmen. Ganz recht sagt Stahl, welchen Satz Ihering „Grund etc." S. 42 citirt: „Das Institut des Besitzes ist eine provisorische oder subsidiäre Regulirung desselben Lebensverhältnisses, dessen eigentlich beabsichtigte definitive Regulirung das Institut des Eigentums ist." Gewiss haben Besitz- und Eigentumsrecht dasselbe „Lebensverhältniss" zu ihrem Objekt, nämlich das Verhältniss der Menschen zu den Dingen, welcher sie in erster Linie zur Erhaltung des Lebens und zu allem Lebensgenuss bedürfen. Dass nicht jeder im Genuss dieser Dinge stets von jedem bedroht sei, dass jeder der Frucht seiner Arbeit gewiss, für seine Zukunft sorgen könne, dass die Sicherung der Lebensbedürfnisse die Grundbedingung alles menschenwürdigen Daseins, aller geistigen Entwicklung und Vervollkommnung ist, das ist der Grundgedanke des Eigentumsinstituts, und eben er kann nur das letzte Motiv des Besitzschutzes sein: ohne ihn hätte ein Verbot der Eigenmacht absolut keinen Sinn. In ihm allein kann „die Regulirung desselben Lebensverhältnisses", von der Stahl spricht, bestehen. Aber wir müssen doch sehen können, warum eine „provisorische" oder „subsidiäre" Regulirung nötig ist und worin sie besteht.

Ihering sagt, ibid. S. 46: „Der Eigentumsschutz postulirt den Besitzschutz". Gewiss. Was hiesse Eigentum, wenn es nicht gegen Eigenmacht geschützt würde? Aber das meint er nicht. Er meint, das Eigentumsinstitut postulire dies, dass auch ohne Beweis des Eigentums, auch abgesehen von der Eigentumsqualität der tatsächliche Benützer einer Sache in dieser Benützung gegen Eigenmacht geschützt werde. Aber wenn sonst gar kein Grund wäre, Eigenmacht zu verbieten, so ist auch nicht abzusehen, warum der blos tatsächliche Benützer, ganz abgesehen von und unbekümmert um seine Eigentümerqualität, sogar auch wenn seine Nichteigentümerqualität bekannt ist, gegen jede Eigenmacht auch selbst die des richtigen Eigentümers, geschützt sein sollte Nur das muss ich zugeben, und das entschuldigt Ihering's Irrtum, dass der Grund zum Verbot aller Eigenmacht, der „sonst" vorliegt, eben genau dasselbe Interesse ist, welchem auch das Eigentumsinstitut sein Dasein verdankt. Dieses „sonst" ist also schwer zu denken, weil, wenn wir von dem Grundmotiv des Eigentumsinstituts abstrahiren, allerdings gar kein Grund mehr vorhanden ist, irgendwelche Eigenmacht zu verbieten. Aber wenn wir das Interesse an der Regulirung der Sachbenützungen überhaupt, wie es oben soeben mit wenig Worten angedeutet worden ist, voraussetzen, so ist das Verbot aller Eigenmacht begreiflich, aus ihm ebenso das Institut des Eigentums, nicht aber ersteres aus letzterem. Letzteres fliest so sehr aus demselben einen Grunde, dass, wenn wir dasselbe wegdenken, auch der klare Grund, mit dem es gesetzt ist, nicht mehr gedacht werden könnte, und deshalb auch nicht mehr, was aus demselben Grunde fliesst, der Besitzesschutz.

Ihering's Grund zu seiner Behauptung ist der, dass Eigentumsschutz so gut wie nicht vorhanden wäre, wenn der Erleider der Eigenmacht immer erst sein Eigentum beweisen müsste, dass der Schutz des Besitzes als der Tatsächlichkeit des Eigentumes eine notwendige Vervollständigung und Ergänzung des Eigentumsschutzes, eine dem Eigentümer zugedachte Beweiserleichterung sei. ibid S. 45, 47.

Aber wenn das Recht nicht aus seinem Princip Grund fände, alle Eigenmacht zu verbieten, wenn das Princip des Rechts, Eigenmacht in dem Falle der Nichteigentümerqualität des Benützers als eine rechtlich indifferente Handlung erlauben müsste, so wäre gewiss auch Ihering der Ansicht, dass die Rechtsordnung nicht zu Gunsten der Eigentümer, blos um diesen eine Beweiserleichterung zu verschaffen, verbieten könnte, was sonst principiell nicht verboten werden kann. Zudem muss ich fragen: Beweiserleichterung wofür? was soll leichter bewiesen werden können? Etwa das Eigentum? Es wäre merkwürdig, den Beweis des Eigentums dadurch zu erleichtern, dass er einfach erlassen wird, und das sollte Rechtsordnung sein? Der Beweis des Eigentums wäre nicht erleichtert, sondern er wäre gar nicht erfordert, wenn jemand nur zu beweisen braucht, dass er ein Ding bisher tatsächlich in Benützung und Gewalt gehabt habe. Wenn die Rechtsordnung dann schon sagte: „gut, gut, mehr brauche ich nicht, ich will dich wie den Eigentümer schützen," so wäre das eigentlich eine Aufhebung der Eigentums-

institution. Wenn wirklich jeder, der tatsächlich Benützung und
Gewalt hat, als Bestberechtigter gilt, gegen dessen Recht kein
Anspruch aufkommen kann, — und das ist doch der Sinn des
Wortes Eigentümer — so ist das nur eine Aufforderung für alle,
sich der tatsächlichen Gewalt zu bemächtigen.

Vielleicht soll einem der Beweis dafür erleichtert werden,
dass er das Recht habe, die Sache zu benützen. Aber dann ist ja
wiederum zu fragen: warum soll in dem Beweis des blossen Besitzes
der Beweis für das zu schützende Recht liegen? das ist die alte
Frage. Aufs neue müssen wir fragen: „welches Recht?" das des
Eigentums? ein Recht mit welchem Schutz? blos dem gegen
Eigenmacht?" Wenn letzteres gemeint ist, so ist von keiner Erleichterung des Beweises die Rede, wenn doch feststeht oder
wenn doch ausreichend begründet werden kann, dass und warum
auch der blos tatsächliche Besitz gegen Eigenmacht geschützt
werden soll. Dass dies nicht der Fall ist, wäre zu beweisen
und daraus der Schluss zu rechtfertigen, dass der Schutz gegen
Eigenmacht, obgleich er eigentlich nur an den Beweis eines
besseren Rechtes geknüpft sei, oder nur dem beweisbaren besseren
Rechte zukomme, zur Erleichterung der Eigentümer schon gewährt werden solle, wenn nur der Beweis des tatsächlichen Besitzes erbracht werde.

Geläugnet soll also nicht sein, dass es tatsächlich eine Erleichterung in der Ausübung des Eigentumsrechts, eine
grössere Sicherheit desselben gewährt, wenn auch schon der
blosse Besitz gegen Eigenmacht geschützt wird, wol aber muss
geläugnet werden, dass der Besitzesschutz sonst keinen Grund
hat und nur zum Zwecke „der Beweiserleichterung" des Eigentümers eingeführt wäre. Wenigstens muss geläugnet werden,
dass wir es rechtsphilosophisch so denken müssten. Ob Iherings
Auffassung historisch auf die Entwickelung des römischen Rechts
passt, will ich gar nicht beurteilt haben. Ebensowenig, ob sein
Begriff des Eigentümers (ibid. S. 53) vielleicht dem römischen
Rechte entspricht; rechtsphilosophisch ist er nicht. Den Satz
ibid. „der Nachweis der blossen Tatsächlichkeit des Eigentums
d. h. des Besitzes genügt, — bis auf erbrachten Gegenbeweis
gilt der Besitzer als Eigentümer" kann ich nicht unterschreiben.
Wenn ich eine principiell gewollte Ordnung der Sachbenützungen
denke, so muss es einen Bestberechtigten geben, und wenn ich

diesen Bestberechtigten Eigentümer nenne, so kann unmöglich
„bis auf erbrachten Gegenbeweis der Besitzer als Eigentümer
gelten", denn der Vorbehalt „bis auf erbrachten Gegenbeweis"
schliesst die Eigentümerqualität aus. Zu ihr ist die Voraussetzung wesentlich, dass Beweis eines besseren Rechtes nicht
möglich ist, und so lange dieser noch für möglich gilt, ist der
Benützer der Sache nicht Eigentümer, sondern Besitzer. Zugestanden kann nur werden, dass bis auf erbrachten Gegenbeweis, d. h. Beweis, dass der Besitzer sich unrechtmässig
die Benützung angeeignet habe, seine tatsächliche Benützung
gegen Eigenmacht geschützt ist. Dasselbe gilt gegen das Wort
ibid. S. 223 „um dem Eigentümer gegen gewisse Angriffe (es
kann doch nur Eigenmacht gemeint sein) ein leichteres Schutz-
mittel zu gewähren, als die *rei vindicatio* es ihm bietet, ist an
die Stelle des Beweises der rechtlichen, der der blos tatsächlichen Existenz des Eigentums gesetzt."

Doch vielleicht halte ich mich zu sehr nur an die Worte.
Aber was dann gemeint sein kann, kann doch nichts anderes
sein, als dass der Besitzer als präsumtiver Eigentümer gilt und
deshalb gegen Eigenmacht geschützt wird. Dagegen ist ein
Doppeltes einzuwenden. Erstens das Alte, dass es nicht erwiesen ist, dass eigentlich nur der Eigentümer gegen Eigenmacht
geschützt werden müsse, dass also, wenn der blosse Besitzer
so geschützt wird, dies nur den Sinn haben könne, dass er wenigstens bis auf Weiteres, als Eigentümer behandelt werde, dies
nur die Präsumtion der Eigentümerqualität zum Grund haben
könnte.

Zweitens, dass diese Erklärung sofort zusammenbricht, wenn
wir hören, dass der blos tatsächliche Besitzer auch gegen die
Eigenmacht des nachweisbaren richtigen Eigentümers geschützt
wird. Hat es Sinn, jemanden als präsumtiven Eigentümer zu
schützen, wenn der wirkliche Eigentümer nachweisbar zur
Stelle ist? Wenn letzterer aber zwar in der Klage obsiegt,
aber doch in der Ausübung von Eigenmacht, gleich jedem andern, verhindert wird, so besteht der Schutz des Besitzers doch
wol nicht in der Präsumtion, dass er der Eigentümer wäre, sondern in dem aus ganz anderen Gründen erfolgten allgemeinen
Verbote jeder Eigenmacht.

Möchte auch in vielen Fällen der Schutz des Besitzes bestehend im Verbot der Eigenmacht dem Nichteigentümer gegenüber als Schutz präsumtiven Eigentums gelten können, so kann er es doch nicht, wenn nicht nur der Eigenmächtige, sondern auch die ganze Nachbarschaft, bestimmt weiss, dass der Besitzer nicht Eigentümer ist. Begründen wir das Gebot der Rückgabe des irrtümlich Angeeigneten an denjenigen, aus dessen Besitz es genommen worden ist, und das Verbot der willkürlichen Benützung alles fremden Besitzes blos durch die Erwägung, dass das vielleicht, ja höchst wahrscheinlich Eigentum des gegenwärtigen Benützers ist, so muss Ge- und Verbot wegfallen, sobald die Gewissheit des Gegenteils vorhanden ist. Der Einwand, dass diese Gewissheit nie vorhanden sein könne, würde aus praktischen Rücksichten das Gebot oder Verbot rechtfertigen, aber nicht in der Theorie, wenn die Voraussetzung dieser Gewissheit gemacht wird. Halten wir auch dieser gegenüber an dem Verbote fest, so muss es einen anderen Grund haben, als die Präsumtion des Eigentums.

Und erst recht natürlich kann der Besitzesschutz nicht auf die Präsumtion des Eigentums begründet werden, wenn — wie schon gesagt wurde — der Eigenmächtige der Eigentümer ist. Wenn im Besitzprozesse die Einrede des Eigentumes nicht gilt, so doch gewiss nicht deshalb, weil eine Präsumtion dem erbrachten Beweis des Gegenteils gegenüber festgehalten würde. Ich möchte auch darauf hinweisen, dass wenn der Besitzer principiell als präsumtiver Eigentümer (gegen den wirklichen) geschützt wird, dann auch nicht die principielle Unabhängigkeit des Besitzstreites vom Rechtsstreite festgehalten werden könnte. Denn der Streit würde ja entschieden, weil der Besitzer als Eigentümer, wenn auch nur präsumtiver, zu schützen ist.

Die Parallelität von Eigentum und Besitz, dass, wo kein Eigentum, da auch kein Besitz sein könne, ist nicht beweisend für Iherings Beweiserleichterungstheorie. Der Besitz ist ein, wenn auch nicht vorbehaltloses, also wenn auch nur vorläufiges, so doch immer ein ausschliessliches subjektives Recht auf Sachgenuss. Also versteht sich, dass, was seiner Natur nach überhaupt nicht Gegenstand eines ausschliesslichen subjektiven Genussrechtes sein kann, auch nicht Gegenstand eines blos vorläufigen Genussrechtes mit Vorbehalt für den Besserberechtigten sein kann, und andererseits dass, wer überhaupt nicht Subjekt eines ausschliesslichen subjektiven Genussrechtes sein kann, auch nicht Subjekt eines blos vorläufigen Genussrechtes mit Vorbehalt für den Besserberechtigten sein kann.

Grund des Besitzesschutzes ist also einfach der Umstand, dass — falls ein Besserberechtigter sich nicht meldet und seine Ansprüche geltend macht, und falls der Staat nicht selbst Anlass findet, die Interessen eines solchen wahrzunehmen, und falls nicht eine neue Aufteilung nach Würdigkeits- und Bedürftigkeitsrücksichten stattfinden soll — absolut kein anderer Anhalt für die Regulirung der Sachbenützungen gegeben ist, als die Anerkennung der jedesmaligen Tatsächlichkeit durch das Verbot der Eigenmacht. Nicht also eine besondere Heiligkeit des subjektiven Willens, nicht auch beginnendes Eigentum, nicht provisorisches Eigentum, nicht Beweiserleichterung für den Eigentümer ist der Grund des Besitzesschutzes, sondern der eine und selbe auf die Regelung der Sachbenützungen gerichtete Rechtswille, welcher auch dem Eigentum zu Grunde liegt und sich im einzelnen Falle, bis er selbst entschieden hat, nur durch Ausschliessung aller Eigenmacht, eventuell Wiederherstellung des *status quo* durch Restitution an den Besitzvorgänger betätigen kann. Was Ihering, „Grund etc." S. 55 f. über die beabsichtigten und nicht beabsichtigten, aber nicht abzuwehrenden Wirkungen eines Institutes sagt, behält auch für diesen Standpunkt seine Geltung. Und ebenso erhellt das relative Recht aller von mir abgewiesenen Erklärungen. Tatsächlich ist der gegen Eigenmacht geschützte Besitz provisorisches Eigentum, tatsächlich wird beginnendes Eigentum geschützt, wird der Schutz des Eigentums, (wenn auch nicht der Beweis desselben) erleichtert, und ganz klar ist die Parallelität beider, ist die „enge Beziehung" des Besitzes zum Eigentum.

Endlich steht meiner Darstellung Iherings Ausspruch „Besitzwille" S. 329, entgegen: Es ist nicht wahr, dass der Besitz die Ausübung des Eigentums enthält (gegen Savigny). Die Ausübung des Eigentums besteht in der ökonomischen Verwendung der Sache für die Zwecke des Eigentümers, je nach Verschiedenheit der Sache in dem *uti frui consumere*. Der Besitz enthält nur die Voraussetzung zur Vornahme dieser Akte. Ih. verweist

auf S. 26, „der Besitz ist nicht Selbstzweck, sondern lediglich
Mittel zum Zweck, er bildet die tatsächliche Voraussetzung, um
die drei Verwendungsarten der Sache, welche ihre Verwendbarkeit für das menschliche Bedürfniss erschöpfen, und welche daher den gesammten substantiellen Gehalt des Eigentums in sich
schliessen, das *uti frui consumere* — zu ermöglichen. Der Besitz
ist nie Selbstzweck, er hat als solcher gar keinen ökonomischen
Wert; er gewinnt ihn nur dadurch, dass er etwas anderes öko-
nomisch Wertvolles ermöglicht." Was eigentlich nun „der Besitz" ist, ist nicht gesagt. Gemeint sein kann nur diejenige Lage
der Sache, oder dasjenige Verhältniss der Sache zur Person,
welches das *uti frui consumere*, das ist die ökonomische Benützung,
ermöglicht. Sie ist völlig wertlos, wenn die Benützung nicht erfolgt, nicht beabsichtigt ist. Ist diese räumliche Lage schon Besitz? gewährt sie ein Recht? ist sie „Grund eines Rechtes?"
Ich bestreite es, wenn keine Benützung erfolgt, kein Benützungswille erkennbar ist. An diese Lage und dieses Verhältniss der
Sache zur Person hat das objektive Recht noch nie ein subjektives
Recht geknüpft, es sei denn in der Erwartung oder Voraussetzung,
dass ein Benützungswille sich zeigen wird oder sich schon gezeigt hat und noch als vorhanden anzunehmen ist. Das Recht,
welches sich an den Besitz knüpft, knüpft sich nur an den durch
Benützung bekundeten Benützungswillen, und was dieses Recht
gewährt, ist auch nur Benützung. Was im Gegensatz hierzu
oder in Abstraktion hiervon Besitz sein kann, ist die blosse
tatsächliche Gewalt, so weit sie durch die äussere Sachlage
bedingt ist, das räumliche Innehaben, der Gewahrsam. Aber das
Haben und Halten der Sache in dieser Lage, diese Gewalt,
dieser Gewahrsam ist auch schon Benützung. Der subjektive
Geschmack des einen entscheidet nicht über den des andern.
Wer wird diese Lage, diese Gewalt, diesen Gewahrsam behaupten,
wenn er nicht einem Interesse desselben entspricht? Also ist
„der Besitz" und die ökonomische Verwendung gar nicht der
Gegensatz, auf den es ankommen kann. Das blosse Raumver-
hältniss ohne Willen und Interesse des Subjektes ist auch nach
Ihering nicht Besitz. Und wenn Interesse und Wille auf dieses
Raumverhältniss gerichtet ist, so ist, auch wenn weiter keine
Verwendung stattfindet, auch dies schon Benützung, auch dies
eine von denjenigen Handlungen, welche zum Eigentumsrecht

gehören. Das im Stall Halten des Reitpferdes (das Iberingsche Beispiel S. 329) ist entweder lästige Pflicht, oder es dient doch irgend einem Interesse des so Besitzenden. Entweder freut er sich, dem Herrn des Pferdes einen Gefallen tun zu können, oder er tut es für Geld oder hofft auf Gegendienste. Wenn der Pferdeeigentümer bei dem einen *A* sein Pferd eingestellt hat, und dem andern *B,* das Recht der Benützung, zu reiten, gegeben hat, so passt die Frage, wer von beiden übt nun sein Eigentum aus? absolut nicht. Denn das Eigentum enthält viele Befugnisse, das Halten des Pferdes im Stalle, (wodurch andere von etwaigen Benützungen abgehalten werden) ist eine, das Reiten ist eine andere; beide gehören zur Eigentumsausübung. Und dass nur einer von beiden Berechtigten als Ausüber des Eigentums Besitzer sein kann, wäre doch eine zu knollige Sophistik! Was kommts auf das Wort an? Jeder hat das Recht der Verteidigung gegen alle, die kein besseres Recht haben. Und gegen jeden von beiden hat der Pferdeeigentümer ein besseres Recht. Wenn der Eigentümer als solcher doch noch ganz andere Rechte hat, als jeder dieser Benützer, das Recht zu verkaufen, zu verpfänden, wenn er das Recht hat, jedem dieser beiden diese Benützung wieder zu nehmen, so übt keiner von beiden das Eigentumsrecht aus. Und wenn man unter Besitz nur diejenige Benützung und Gewalt über die Sache versteht, welche (nur eben vorbehaltlos) das Eigentumsrecht ausmacht, so ist keiner von beiden Besitzer. Wenn das objektive Recht dem Eigentümer gestattet, die Befugnisse so zu trennen, dem einen diese, dem andern jene zu übergeben, und wenn die Rechtsfolgen ganz klar sind, was liegt an dem Namen Besitz? oder Ausübung des Eigentums? Oder was hindert, anzuerkennen, dass jeder eine von den Befugnissen, in denen das Eigentum besteht, ausübt? S. 330 sagt Ihering: „So wenig man das Pfandrecht als Ausübung der Forderung, so wenig darf man den Besitz als Ausübung des Eigentums bezeichnen. Der Besitz hat für das Eigentum keine andere Bedeutung, als das Pfandrecht für die Forderung: die eines blossen Sicherungsmittels für die Ausübung des Rechts." Dann wäre also der Besitz nur die physische Gewalt, welche weitere Benützung des Dinges ermöglicht, und Besitz als Recht wäre der Wille der Rechtsordnung, dass ein Subjekt diese physische Gewalt habe und behalte. Ich will nicht bestreiten, dass man diese

beiden Momente unterscheiden und auseinanderhalten kann, aber
das muss ich entschieden bestreiten, dass die weiteren Benützungshandlungen nicht mit zum Besitz gehörten, nicht als Besitz bezeichnet werden könnten, und ferner, dass das Haben und Halten
des Dinges in derjenigen Gewalt, welche weitere Benützung ermöglicht, nicht schon ein Akt der Ausübung des Eigentums, nicht
schon eine Benützungshandlung wäre. Der objektive Rechtswille
hat keine Launen. Er gewährt das Recht des Besitzes als eines
Sicherungsmittels doch nur im Interesse des Subjektes — in
welchem Sinne sich ja Ihering selbst ausgesprochen hat —, sei
es nun, dass das Subjekt seine Lust in weitergehender Benützung, sei es, dass es sie wirklich blos in dem in der Gewalt-
Haben und Halten findet. Um letzteres kümmert sich der objektive Rechtswille bekanntlich nicht. Wer kann auch wissen,
was jemand mit seinem Pferde vorhat, welchen Genuss er von
ihm hat, wenn er es blos im Stall hält und füttert, ohne es je
zu reiten oder anzuspannen? Aber jedenfalls ist das Recht zu
aller weiteren Benützung und ökonomischen Verwendung in dem
Recht des Besitzes mit enthalten, mit ihm zugleich gesetzt
und gegeben, es sei denn, dass der Vertragswille die Benützungen und Verfügungen trennt, also überhaupt abgeleitete Benützungsrechte vorliegen, wovon oben schon die Rede war.

Hiervon abgesehn enthält also doch das Besitzrecht die
ganze Benützung eines Dinges, nimmt principiell keine aus, im
Unterschied vom Eigentum nur eben mit dem Vorbehalt zu Gunsten des Besserberechtigten.

Die verschiedenen Arten der Benützung und das gemeinschaftliche Princip ihres Schutzes.

Die möglichen Unterschiede der an die Tatsache der Benützung geknüpften Rechtswirkungen müssen sich aus der weiteren Betrachtung des zu Grunde gelegten Begriffs der tatsächlichen Benützung ergeben.

Ist die Frage: an welche Benützung der Sache knüpft sich
ein ausschliessliches Sachbenützungsrecht, oder m. a. W. durch
welche Benützung der Sache erwerben wir den Besitz an ihr?
so darf es sich nicht um eine Lust handeln, welche die Sache,

vielleicht durch den Anblick, jedem Vorübergehenden oder in der Nähe Befindlichen gewährt. Von einem ausschliesslichen Benützungsrecht könnte doch keine Rede sein, wenn die Benützung, an welche es sich knüpfen soll, unaufhörlich von unzählig vielen stattfindet und stattfinden muss. Die Benützung selbst muss eine solche sein, dass sie durch sich selbst alle anderen von dem gleichen Nutzen ausschliesst. Durch diese Bestimmung ist eine Menge absurder Konsequenzen, welche man vielleicht aus meinem Grundbegriff der Benützung ziehen zu können glauben wird, ausgeschlossen. Solche Sachbenützungen allein sind gemeint, wenn von einem an die Tatsache der Benützung geknüpften Rechte die Rede ist. Sie können verschieden sein und dementsprechend auch die an sie geknüpften Rechte.

Die Rechtsordnung hat aus ihrem auf die Regulirung der Sachbenützungen gerichteten Grundwillen zuerst nur Veranlassung, die einzelnen Dinge in ihrer ganzen Benützbarkeit zu verteilen. (Begr. d. subj. Rechts S. 180 ff.)

Demnach wird nicht ein specifisch juristischer Begriff, sondern die Vorstellung von dem Werte, welchen die Dinge für die Gemeinschaft haben, welche Verwertung und Verwendung der Dinge die natürliche und normale ist, wird ein volkswirtschaftliches Interesse darüber entscheiden, an welche tatsächliche Benützung das Recht auf das Ding in seiner Totalität d. i. das Recht auf den Inbegriff aller erdenklichen Benützungen geknüpft sein soll. Erst später in der Entwickelung des Verkehrs kann das Bedürfniss eintreten, einzelne Benützungsrechte aus aus diesem Inbegriff auszunehmen und einzelnen zuzuweisen, das Benützungsrecht an der Sache in bestimmter Weise einzuschränken. Von den vereinzelten Benützungsrechten handeln wir unten sogleich. Bisher dachten wir nur an den ersten Fall, die Benützung des Dinges in seiner natürlichen Einheit als eines Ganzen, welche nur eben als ungeteilte entweder zu- oder abgesprochen wird. Es handelte sich bisher um die Abgrenzung des Besitzes gegen das Eigentum und da dachten wir zuerst nur den Unterschied, dass letzteres das einschränkungs- und vorbehaltlose Genussrecht an der Sache, ersteres ein ebenso uneingeschränktes aber vorbehaltliches Recht sei. In der äusseren Erscheinung also, der Tatsächlichkeit oder Sichtbarkeit waren beide gleich.

Wir haben nicht bewiesen, „Besitz" sei das und das

und müsse das sein, sondern wir haben aus der bekannten, erfahrbaren Natur der Menschen und aller irdischen Verhältnisse die Voraussetzung gemacht, dass auch ohne die Merkmale, resp. ohne Beweisbarkeit derselben, an welche der objektive Rechtswille vorbehaltlos die uneingeschränkte Benützung eines Dinges von Seiten eines Subjektes geknüpft hat, genau dieselbe Benützung vorkommt und vorkommen muss, sei es durch Irrtum, sei es absichtlich, oder so, dass das benützende Subjekt nur eben selbst nicht weiss, wie es zur Benützung des Dinges, wie es zur Gewalt über dasselbe gekommen ist. An diese Voraussetzung knüpfte unsere allgemeine rechtsphilosophische Betrachtung die Konsequenz, dass in diesen Fällen doch auch Schutz gegen Eigenmacht, und dass Uebergang der blossen zunächst gegen Eigenmacht geschützten Benützung in Ersitzungseigentum gewährt werden müsse. Wenn dies die Kriterien des Besitzes im technischen Sinne sind, so würde jedenfalls, was ich Benützung genannt habe, Besitz in diesem Sinne sein können, nur wäre der Begriff der Benützung weiter und liesse nicht immer die genannten Rechtsfolgen zu. Jedenfalls lässt sich der Besitzesbegriff, den Ihering für das römische Recht erwiesen hat, unter jenen subsumiren. Und jedenfalls sind die genannten Rechtsfolgen, der Schutz gegen Eigenmacht und der Uebergang in Ersitzungseigentum in diesem Falle, wenn der Unterschied blos in dem Vorbehalt besteht, im Uebrigen aber, was die äussere Erscheinung und Sichtbarkeit anbetrifft, kein Unterschied stattfindet, am evidentesten. Ist *in possessione fuisse* gleichbedeutend mit *omnia ut dominum gessisse* (l. 2. Cod. de poss. [3, 32] „Grund" S. 193), ist der Sachenbesitz die Tatsächlichkeit oder Sichtbarkeit des Eigentums, so schliesst dies in der Tat die ganze Besitztheorie in sich („Grund" S. 224), da in diesem Falle jene (besitzcharakterisirenden) Rechtsfolgen sich auf das natürlichste und — fast möchte ich sagen — selbstverständlich ergeben. Solcher Besitz ist „Nachbildung des Eigentums in seiner normalen äusseren Erscheinung, Tatsächlichkeit, Sichtbarkeit des Eigentums, tatsächliche Konstatirung der Eigentumsabsicht." Ihering a. a. O.

Denken wir nun an einzelne Arten längere oder kürzere Zeit andauernder Benützung, so wird auch ihnen Schutz gewährt werden müssen, und zwar, was ich nun zu beweisen gedenke, aus demselben Princip. Die Rechtsfolgen gestalten sich anders, aber nicht aus einem geheimen Wesen der „Detention", sondern weil diese Benützungen, ihr Zweck, ihr Wert und ihre Bedeutung andere sind. Ihering verkennt den Grund dieses Schutzes, wenn er zu den angeführten Beispielen von „Detention" (jemand hat sich auf eine Bank in öffentlichen Anlagen gesetzt, einen Platz im Eisenbahnkoupee, einen Stuhl in der Restauration besetzt, eine Zeitung in die Hand genommen, der Schiffer hat sein Schiff an einer bestimmten Stelle des öffentlichen Flusses oder Hafens angelegt) sagt, Besitzwille S. 48, „der Wille hat sich in dem Verhältniss zur Sache verkörpert, und wer mir dieselbe zu entziehen sucht, tastet meinen Willen und damit meine Persönlichkeit an, die ich zu behaupten juristisch ebenso berechtigt, wie social genöthigt bin." und S. 50 „die Erkenntniss, welche wir der bisherigen Ausführung verdanken, ist die von dem rechtlichen Einflusse, den das Recht dem blossen Willen als solchen zugesteht. Das Besitzverhältniss ist eine That des Willens, die das Recht als solche respektirt, indem es die Macht des Willens als solchen anerkennt und schützt. Auf allen anderen Gebieten des Rechts ist der Wille, um die von ihm beabsichtigten Wirkungen zu erzeugen, an die Voraussetzungen gebunden, welche das Recht ihm vorzeichnet, auf dem Gebiete des Besitzes (was ist das für ein Gebiet?) schafft er als solcher eine rechtliche Beziehung der Sache, der wir den Charakter eines wenn auch noch so schwachen Rechtsverhältnisses an demselben nicht aberkennen können." Dieser Kultus des blossen Willens ist hier grade so unhaltbar, wie in allen anderen Fällen, in welchen Ihering selbst ihn verworfen hat. Das geschützte Gut ist freilich Objekt eines subjektiven Willens; ohne einen solchen wird (mit den Ausnahmen, die ich im „Begriff des subj. Rechts" behandelt habe) niemandem ein Gut geschützt. Aber nicht der Wille „als solcher" wird hier in höherem Grade oder in anderer Art und Weise anerkannt und respektirt, als bei jedem subjektiven Rechte. Auch in diesen Fällen ist der Wille, um die beabsichtigte Wirkung zu erzeugen, an die Voraussetzung gebunden, welche das Recht ihm vorzeichnet. Sie unterscheidet sich von dem oben besprochenen Besitz, dem im eigentlichen Sinne, wesentlich dadurch, dass es sich um Sachbenützungen innerhalb eines schon vorhandenen Rahmens, innerhalb schon durch ein an-

deres Recht oder durch eine höhere Norm vorgezeich-
neter Grenzen, und dass es sich um ganz bestimmte einzelne
Benützungsarten handelt. Nur wer die fraglichen Güter nicht
schon benützt findet, darf sie in Benützung nehmen. Das Recht
respektirt principiell die Tatsache der stattfindenden Benützung
und es ist derselbe Benützungswille, dem sie das eine mal mit
einem Verbot zu Gunsten eines anderen schon Benützenden ent-
gegentritt, und den sie ein anderes mal gegen jeden Störer der
schon stattfindenden Benützung schützt.

Aus der Natur der Dinge und der Benützungsmöglichkeit
resp. dem Umstande, dass schon ein Recht die Grenzen der Benützung abgesteckt hat, ergeben sich die Unterschiede. Die
Bank auf öffentlichem Platze ist Eigentum der Gemeinde; wer
sie dahingestellt hat, gewährt keine andere Benützung als die,
sich auf sie zu setzen, vielleicht auch zu legen. Wer schon
oft darauf gesessen hat, hat dadurch kein Recht gewonnen, andere von diesem Platze zu vertreiben. Wer sie beschädigt, wer
sie wegträgt, um damit einzuheizen, verletzt das Recht eines
anderen. So ist's mit der Zeitung in der Restauration, dem An-
legeplatz, dem Platz im Eisenbahnkoupee. Keine von den vielen
sonst noch denkbaren Benützungen der Sache ist gewährt, als nur
die eine, ihrer Natur nach vorübergehende. Und von welchem
Schutze in der Benützung könnte die Rede sein, wenn ich
doch nur gestern Nachmittag 5 Minuten lang auf der Bank
sitzen wollte! Der gewalttätige Störer, wenn ich mich seiner
nicht erwehren konnte, kann höchstens bestraft werden, damit
ihm Gleiches nicht wieder einfalle, aber den verlorenen Genuss
kann mir keine Rechtsordnung verschaffen. Etwa Schadenersatz?
Der Platz im Eisenbahnkoupee ist jemandes Eigentum; der
Eigentümer gewährt ihn überhaupt nur auf die Zeit der bestimmten Fahrt. Ausser dieser hat niemand ein Recht, sich
darin aufzuhalten. Gewährt wird auch nur unbestimmt irgend
einer von den vorhandenen Plätzen. Wer einen besetzt hat,
wird als Okkupant (Okkupant innerhalb der bestimmten Grenzen
dieser Benützung) gegen jeden andern geschützt. Fragen wir
doch: welchen Schutz, welche anderen Rechtsfolgen gestattet,
nicht etwa das Recht aus irgend einem Princip, sondern die
Natur der Sache? So ist's mit dem Stuhl, mit der Zeitung in
der Restauration. Der Schiffer will sein Schiff eine Zeit lang

an der bestimmten Stelle des öffentlichen Flusses oder Hafens
liegen lassen. Der eigenmächtige Störer wird angewiesen werden,
die Störung zu unterlassen. Vielleicht kann er auch zu Schadenersatz verpflichtet werden?! Welche andere Rechtsfolgen sollten
eintreten können? Etwa dass der gedachte Schiffer nun das
Recht auf diese Anlegestelle gewönne, auch wenn ein anderer
sie schon besetzt hätte, so dass jeder bei seiner Ankunft ihm
Platz machen müsste? Aber das ist ja durch die rechtliche
Voraussetzung, dass es ein öffentlicher Fluss oder Hafen ist,
der jedem zur Benützung stehen soll, so weit er noch unbesetz-
ten Platz findet, ausgeschlossen.

Wenn da von einer Respektirung des Willens die Rede ist,
so müsste doch die wesentliche Ergänzung hinzugefügt werden,
dass es immer der Wille des ersten ist, der den Platz unbesetzt
(die Zeitung unbenützt) findet, nie der des nachfolgenden zweiten,
nachdem der erste schon zu benützen begonnen hat. Wenn aber
doch Wille Wille ist, als Wille einer so gut wie der andere,
so liegt der Unterschied doch handgreiflich nicht im Willen als
solchen, sondern in dem Umstand der schon geschehenen Okkupation. Diese bekommt diejenige rechtliche Bedeutung, welche
sie nach der Natur der Sache haben kann, d. h. an sie werden,
diejenigen (Benützungs-)Rechte geknüpft (und geschützt), welche
nach einem schon bestehenden Rechte allein an dieser
Sache gewährt werden sollen, resp. welche nach Lage der
Dinge, nach dem Bedürfniss der Menschen allein gewünscht
werden können. Ihering übersieht, worauf es ankommt, wenn
er ibid. S. 49 den auf Aneignung der Sache gerichteten Willen
des zweiten, der sich einen ersten hat zuvorkommen lassen,
aus dem Grunde nicht vom Rechte für berücksichigenswert
hält, weil in seiner Person noch kein Besitz, sondern ein blosses
Raumverhältniss vorliegt. Denn es fragte sich ja eben, warum
das Besitzverhältniss vom Rechte respektirt wird, und Ihering
fand den Grund nur im Willen, den doch der zweite auch hat.
Freilich meint er den Willen, der „sich in dem Verhältniss zur
Sache verkörpert hat." S. 48. Aber was ist „Verkörperung des
Willens"? Ein Wort! Und warum soll der verkörperte Wille
rechtlich geschützt sein, der unverkörperte aber nicht? Wenn
das Wort etwas Verständiges sagen soll, so kann es nur dies
sein, dass der Wille sein Objekt erreicht hat. Dann sind wir

grade so weit, wie vorher. Der Unterschied, von dem der Rechtsschutz abhängt, wäre also doch der, dass der eine tatsächlich sich in die Benützung des Dinges gesetzt hat, in ihr befindet, der andere aber noch nicht. Das wäre einfach die von mir behauptete rechtliche Bedeutung der Tatsache, der Okkupation auf dem eng umschriebenen Gebiete der sachlich möglichen und gestatteten Art der Benützung.

Aber das hat Ihering nicht gemeint, denn er macht vom Willen den Uebergang zur Persönlichkeit, „die ich zu behaupten juristisch ebenso berechtigt, wie social genötigt bin." Das ist Mystik. Nun hilft die sonst so klare und unentbehrliche Scheidung von Person und Sache gar nichts. Wer mir die Sache, die ich in Benützung gehabt habe, antastet, tastet meine Persönlichkeit an, die ich zu behaupten das Recht habe. Das würde doch nicht nur für den Platz auf der Bank gelten, sondern für alle Sachbenützung, für allen Besitz.

Was Ihering gegen Savigny im „Grund etc." gesagt hat, passt hier gegen ihn. Im Sachgebrauch fühlen wir allerdings uns selbst, aber deshalb soll der Schutz gegen Sachgenussstörung ein Schutz gegen Antastung der Persönlichkeit sein? Auch wenn wir in der gewaltsamen Entziehung der behandelten Benützungen unsanft berührt werden sollten, wogegen das Recht Schutz verspricht, so wäre immer noch genau zu unterscheiden der Schutz gegen solche Injurien, welche möglicherweise auch aus Rache oder aus Uebermut zwecklos erfolgen können, und der Schutz des Sachgenusses. Jener wird gewährt ganz unabhängig von dem Zwecke, den der Gewalttätige etwa verfolgen mag; dieser wird gewährt, im Princip ganz unabhängig von der Art und Weise, wie die Genussstörung erfolgen mag. Oder würden die hier als Beispiele verwendeten Sachbenützungen nicht principiell, sondern nur so zu sagen *per accidens* geschützt, nur weil es tatsächlich nicht möglich ist, jemand solchen Genuss zu entziehen, ohne zugleich eine Realinjurie zu begehen? Ihering hat das gewiss nicht gemeint. Aber was bleibt dann als „die berechtigte Behauptung der Persönlichkeit" übrig, wenn nicht alles Sachbenützungsrecht Behauptung der Persönlichkeit sein soll?

Es ist dasselbe Princip, welches diesen Detentionsschutz und den Besitzesschutz gewährt. Aber nach Ihering (ibid. S. 56) ist das Recht im Schutz durch die possessorischen Interdikte „über die Idee des Schutzes des Willens oder der Persönlichkeit hinausgegangen", und muss zu seiner legislativen Motivirung der neue Gedanke der Vervollständigung des Eigentumsschutzes durch erleichterten Beweis hinzukommen. Aber kommt diese (die Vervollständigung etc.) wirklich als nächster Punkt oder nächste Station, wenn man über die Idee des Schutzes des Willens oder der Persönlichkeit hinausgeht? Und warum soll der Schutz des Willens oder der Persönlichkeit in diesen Fällen von Sachbenützung, nicht aber in jenen, welche als richtiger Besitz gelten, genügen? Verkörpert sich in letzteren nicht der Wille? Hat „die Persönlichkeit" weniger damit zu tun, wenn jemand ein Haus bewohnt und den Acker bestellt, als wenn er sein Schiff an einer bestimmten Stelle des öffentlichen Flusses anlegt, oder in der Restauration eine Zeitung in die Hand nimmt? Tastet weniger seine Persönlichkeit, welche zu behaupten er ein Recht hat, an, wer ihn von Haus und Acker dejicirt, als wer sein Schiff gewaltsam von der Anlegestelle verdrängt, oder wer in der Restauration die Zeitung, die er lesend vor sich auf den Tisch gelegt hatte, ihm wegzieht, ohne ihn selbst dabei anzurühren? Die Bekkerschen Fälle l. l. S. 162: „wer einen Stein nimmt, nach Früchten zu werfen, die am Baum hangen, wer einen Stock ergreift, um sich gegen einen Hund zu verteidigen, auch der Dieb, der die Leiter im Hinterhause nimmt, um in's Vorderhaus einzusteigen", beurteilen sich ebenso. Die Frage „machen sich diese zu juristischen Besitzern von Stock, Stein, Leiter u. s. w.?" kann ich nur so beantworten: Was „juristischer Besitzer" ist, danach frage ich grundsätzlich nicht, sondern nur danach: welche Rechtsfolgen knüpfen sich an die Tatsache der Benützung? Wer auf diese Dinge kein besseres Recht hat, hat die tatsächliche Benützung zu respektiren. Beim Diebe würde natürlich der andere Gesichtspunkt hinzukommen, dass, wer seine verbrecherische Absicht erkennt, dieselbe zu verhindern befugt sein wird. Doch das gehört nicht in das Besitzrecht.

In dem Gegensatz des Besitzes als Nachbildung des Eigentums und der behandelten zur Detention gerechneten Fälle einzelner Arten geringfügiger, ihrer Natur nach vorübergehender Benützung von Dingen ergibt sich am klarsten sowol das Gemeinschaftliche, wie auch der wesentliche Unterschied.

Im Besitzinstitut erkannten wir die Bedeutung, welche die Rechtsordnung schon der blossen Tatsache beizumessen sich genötigt sieht. Sie knüpft an die Tatsache der Sachbenützung das Recht auf Fortsetzung der Benützung so lange, bis jemand sein besseres Recht beweist, und schützt demnach den Benützer gegen jeden andern, unbekümmert darum, wie er selbst, ob mit oder ohne Zustimmung eines Benützungsvorgängers, zu Gewalt und Benützung der Sache gekommen sein mag, ganz davon absehend, ob es wirklich einen Besserberechtigten gibt oder nicht. Es können demnach überhaupt nur noch solche Sachbenützungen in Frage kommen, welche vorausgesetztermassen mit Zustimmung desjenigen, welcher das Recht an der Sache bisher gehabt hat resp. noch hat, stattfinden. Die Benützung des Detentors ist freilich auch Tatsache und kann folglich eben dieselbe rechtliche Bedeutung zu verlangen scheinen, welche principiell der Tatsache als solcher zugestanden worden ist. Und wirklich muss sie ihr auch unter Umständen zukommen, nur nicht gegen denjenigen, mit dessen Zustimmung und Erlaubnis die Benützung erfolgt. Der Begriff des Besitzes berücksichtigt nur im Allgemeinen die Möglichkeit, dass ein Besserberechtigter da ist und lässt abwarten, ob ein solcher sich melden wird; im Begriff der Detention gehört er zur Voraussetzung und sein gegenüber dem tatsächlichen Benützer besseres Recht, die sozusagen Meliorität seines Rechtes ist eine andere, als diejenige, zu deren Gunsten der Vorbehalt beim Besitzrechte gemacht wird. Denn der Besserberechtigte und die Natur seines besseren Rechts ist aus dem letzten Grunde dieses Rechtsverhältnisses ganz klar; der Grund ist bei der kontraktlichen Detention die Willenseinigung der Subjekte, ein Vertrag.

Wenn der Besitzer Benützungsrechte an seiner Sache mit dem Vorbehalte überträgt, die Uebertragung jeder Zeit nach Willkür rückgängig machen zu können, und wenn diese Bedingung angenommen wird, so versteht sich alles von selbst. Man wird an dem Worte Uebertragung Anstoss nehmen; sagen wir Benützungserlaubniss dafür; in der Sache bleibts doch dasselbe. Denn ein Recht zur Benützung hat der Detentor durch die Erlaubniss auch, wenn auch nicht das auf Fortsetzung der Benützung gegen den Willen des Erlaubers. So lange die Erlaubniss dauert, begeht der Benützer durch die Benützung kein Unrecht, durch welches er eventuell ersatzpflichtig werden könnte.

Das Recht des Erlaubers — nennen wir ihn mit Ihering Besitzherrn — gegen den Detentor, wenn er seinem Geheiss nicht Folge gibt, Gewalt anzuwenden, erklärt sich leicht.

Wenn der Detentor die Sache dem Besitzherrn trotz Befehls nicht restituirt, nicht wieder einräumt, so ist das eigenmächtige Entziehung. Er übt Gewalt, indem er die tatsächliche Benützung, obgleich sein Recht weggefallen ist, fortsetzt. Deshalb ist die Gewalt des Besitzherrn gegen ihn nur erlaubte Selbsthülfe gegen geschehende Gewalt, *vim vi repellere licet*. Sie ist es, auch wenn kein Vertrag zu Grunde liegt, sondern eine Rechtsregel den Besitzherrn berechtigt, die Benützungserlaubniss jederzeit zurückzunehmen.

Nichtkontraktlich ist die Detention des Gewaltunterworfenen und die *an res extra commercium*.

Wenn die nationale von der historischen Entwicklung bedingte Rechtsanschauung Klage des Sklaven gegen den Herrn und wenn das sittliche Gefühl Klage der Kinder gegen den Vater ausschliesst, so kann er jede Sachbenützungserlaubniss jeden Augenblick zurückziehen eventuell Gewalt anwenden. Demnach sind die Gewaltunterworfenen nicht Besitzer, sondern nur Detentoren. Ihering hat Recht; in ihrer Person liegt das Besitzhinderniss. Die Rechtsregel hat es in ihre Person hineingelegt. Der Wille des objektiven Rechts hat diese Schranken für ihr Benützungsrecht errichtet; aus dem Begriff des Besitzes oder aus dem Princip, wie die blosse Thatsache der Benützung anzusehen und rechtlich zu behandeln ist, folgt es nicht. Und das ist die Hauptsache, die ich zu betonen habe.

Wir schieden ja die Fälle der blossen Tatsache der Benützung von den Fällen, in welchen die Benützung als widerrufliche Erlaubniss des Berechtigten von beiden Teilen aufgefasst wird. Zur „blossen" Tatsache der Benützung gehört, wenn nicht, dass sie ohne Zustimmung des bisherigen Benützers stattfindet, so doch jedenfalls, dass von etwaiger Zustimmung desselben ganz und gar abstrahirt wird. Nun ist ganz klar, dass die Benützung der Dinge von Seiten der Gewaltunterworfenen, auf deren Benützung der Hausherr das klare Recht hat, nicht ohne seine wenigstens vorausgesetzte Zustimmung erfolgt, nicht gegen seinen Widerspruch erfolgen kann. Den Willen des Kontrahenten

ersetzt nun die Rechtsregel. Mag Hauskind oder Sklave besitzen
wollen oder nicht, das hilft ihnen nichts; das Recht gibt ihnen
nur Detention. Mag also keine private Willenseinigung vorliegen, jedenfalls gehören sie nicht zu denen, die ohne Zustimmung des bisherigen Benützers benützen, und jedenfalls, — das
ist das Entscheidende, — kommt ihr subjektiver Wille zu besitzen
im einzelnen Falle nicht deshalb nicht in Betracht, weil sie ihn
gerade nicht gehabt haben, sondern deshalb, weil sie einen solchen gegenüber dem Hausherrn nicht haben können, weil er nach
der Rechtsregel rechtsunwirksam wäre. Also was oben als Wirkung des Vertrages bezeichnet ist, ist hier allerdings Wirkung
der Rechtsregel, aber dadurch wird der Unterschied dieser Fälle
von jenen ersten, d. i. denen der blossen Tatsache der Benützung
ohne Zustimmung des bisherigen Benützers, nicht aufgehoben oder
abgeschwächt.

Jedenfalls stimmen die beiden Arten der Detention, die
kontraktliche und die der Gewaltunterworfenen und *an res extra
comercium* darin überein, dass das Benützungsrecht des Denten-
tors sich nicht auf die blosse Tatsache der Benützung ohne Zustimmung resp. in Abstraktion von etwaiger Zustimmung eines
Benützungsvorgängers gründet, sondern grade auf die Zustimmung
oder Erlaubniss des anerkannten Besitzers der Sache, und dass
dieser seine Zustimmung oder Erlaubniss — der nationalen die
Zeit beherrschenden wie etwas völlig Selbstverständliches vorausgesetzten Rechtsanschauung gemäss — gar nicht anders gibt,
als unter der Voraussetzung, dass er sie jederzeit zurücknehmen
kann. Auf den Unterschied, dass es in den ersteren Fällen im
Belieben eines jeden steht, auf ein solches Geschäft einzugehen
oder nicht, Sklave und Hauskind aber gezwungen sind, von diesen
Erlaubnissen Gebrauch zu machen, kann es dabei nicht mehr
ankommen.

Beim Gebrauch von *res extra comercium* ist die Rechtsregel,
welche Besitz des einzelnen unmöglich macht, der Wille desjenigen
dem diese Dinge gehören, mögen sie als Eigentum eines Gottes
gelten, mögen sie dem Staate, der Gemeinde gehören, welche den
einzelnen nur bestimmten Gebrauch gestattet. Das Recht,
welches der einzelne an solchen Dingen haben kann, ist niemals
ein unbeschränktes, hat zu seinem Inhalt niemals den ganzen
Inbegriff aller erdenklichen Benützungen, sondern immer nur eine

bestimmte Benützungsart. Nur einem bestimmten Bedürfnisse zu dienen sind diese Dinge bestimmt, z. B. die öffentlichen Strassen, Anlegeplätze, und so gewinnt jeder, der die Sache gerade unbenützt findet, das Benützungsrecht, aber eingeschränkt natürlich — ihrer Bestimmung gemäss — auf die Dauer seines Bedürfnisses. Der Staat oder die Gemeinde ist der Besitzherr, der die einzelnen Benützer (Detentoren) stets entsetzen kann. Nur wird natürlich bei solchen Massnahmen desselben an subjektive Laune und Willkür nicht gedacht werden können.

In diesem engen Rahmen möglichen Benützungsrechts verhalten sich aber die einzelnen Benützer gegen einander nicht als Detentoren, solches sind sie nur gegenüber dem Besitzherrn. Gegen den andern hat jeder das Benützungsrecht schon auf Grund der blossen Tatsache, dass er augenblicklich die (erlaubte, zweckentsprechende) Benützung vornimmt, hat das Recht *vim vi repellendi,* event. — ganz wie beim Besitz d. i. wie bei den Benützungen ohne Zustimmung des bisherigen Benützers — auf Grund der bisherigen Benützung die Klage gegen jeden andern eigenmächtigen Entzieher oder Verdränger.

Genau dasselbe wiederholt sich, wenn ein privater Besitzherr Dinge unter selbstverständlichen Einschränkungen zu einer ganz bestimmten Benützung überlässt. Die Verschiedenheiten der Einschränkungen und demgemäss des Entsetzungsrechtes des Besitzherren, welche sich aus der Natur der Sache ergeben und zuweilen mit andern Rechtsverhältnissen konkurriren und kompliciren, können hier der Kürze halber ungenannt bleiben.

Wir wenden uns nun wieder zu dem Benützungsrecht aus kontraktlichem Verhältnisse, um die möglichen Bedenken gegen diese Auffassung zu erwägen. Dass das Subjekt sich nur zu entscheiden brauche, welchen *animus,* ob *possidendi* oder nur *detinendi,* es haben resp. in sich hervorbringen wolle, um danach sogleich Besitzer oder aber blos Detentor zu sein, dass der Pfandgläubiger und Usufruktuar Besitzer sind, weil — eigentlich müsste es heissen — wenn sie schlau genug waren, den *animus possidendi* in sich zu erzeugen, die Pächter und Mieter aber merkwürdiger Weise alle immer dazu zu dumm waren, aus lauter Unverstand immer nur den *animus detinendi* erzeugten und deshalb jederzeit vom Verpächter und Vermieter entsetzt

werden konnten, ist solcher Unsinn, dass ich diese Ansicht
eigentlich niemandem zutraue. Aber man braucht auch gar
nicht so unsinniges Zeug zu meinen, wenn man dem *animus*, sei
es *possidendi* sei es *detinendi*, eine wichtige Rolle zuschreibt. In
der Tat hat er eine solche und Iherings Wort: die Rechtsregel,
entscheidet über Besitz und Detention, hat sicherlich nur relative Wahrheit. Ich kann nach meiner Methode mich nur wieder
an den Begriff der Rechtsregel halten. Was ist das für ein
Ding? Welches ist seine wundersame Entscheidungsmacht? Es
ist der objektive Rechtswille, und wenn wir wissen wollen, was
er will, so müssen wir seine Motive oder seine Zwecke verstehen,
natürlich diese nicht in abstrakter Allgemeinheit gedacht, sondern
in derjenigen Bestimmtheit, welche Volkscharakter und Zeitum-
stände hervorbringen. Ueber seine Motive habe ich ausführlich
genug gehandelt und speciell nachzuweisen gesucht, dass er für
Heil und Wolfahrt gar nicht anders sorgen kann, als so, dass er
auf einem grossen (natürlich genauer abzugrenzenden) Gebiete
jedem die Freiheit gewährt, für sich selbst zu sorgen, und in
Konsequenz dieses Principes auch die rechtsgeschäftliche Willenseinigung anerkennt, selbst dasjenige will, was die Kontrahenten
zu wollen erklärt haben. Dann kommt ihr *animus* doch zu Ehren,
und es ist kein Gegensatz: „nicht der *animus*, sondern die Rechtsregel“, vielmehr ist eben dies der Inhalt der Rechtsregel, dass
sie für eine grosse Zahl bestimmter Fälle den subjektiven *animus* der Kontrahenten zur Richtschnur macht, sich in ihrem
Wollen nach ihm richtet, etwas will, nur deshalb, weil diese es
zu wollen erklärt haben. Nach meinen obigen Voraussetzungen
kann also keine Rede davon sein, dass es dem subjektiven Belieben des einen allein überlassen wäre, ob er die Rechte des
Besitzers oder nur die des Detentors haben wolle. Denn da
die Sache, deren Benützung er haben will oder soll, in dem rechtlichen Besitz eines andern ist, welcher ihm das Benützungsrecht
erst überlassen soll, so wird es natürlich auf diesen andern, den
Besteller des Rechts ankommen, unter welchen Bedingungen er
dies tun will. Es ist Zeitverschwendung, aus dem Pächter heraus-
zufragen, dass er doch eigentlich besitzen wolle; gegenüber dem
Vertrage, den er eingegangen ist, sind das Wünsche, nicht Willens-
akte. Seinen Willen hat er dahin erklärt, die vom Besitzer ge-
stellten Bedingungen, unter welchen allein er ihm die unter Pacht

verstandenen Benützungen der Sache erlauben will, zu acceptiren. Was bleibt ihm anderes übrig, wenn er keinen findet, der günstigere Bedingungen stellt?! Auch der Darlehnsempfänger würde sich auf Befragen zu dem Geständniss herbeilassen, er wolle gar nicht die hohen Zinsen, er wolle überhaupt gar keine Zinsen geben, wolle auch das Kapital gar nicht zurückerstatten. Aber das sind Wünsche; er hat seinen Willen schon in verbindlicher Weise dahin erklärt, das Kapital zurückzuzahlen und so und so viel Procent Zinsen zu zahlen. So ist es mit dem Besitz des Pfandgläubigers. Wer würde ein Darlehn erhalten, wenn er auf der Bedingung bestünde, dass er die zur Sicherung des Gläubigers bestimmte, demselben übergebene Sache jederzeit als Besitzherr ihm wieder wegnehmen dürfte? Der Darlehnssucher ist gezwungen den Besitz zu übertragen und hat sich, wenn auch ungern, doch mit seinem Willen desselben begeben. Oft genug werden Darlehne bekanntlich unter anderen Bedingungen gewährt. Aber es ist ja auch nur davon die Rede, dass, wenn der Gläubiger Besitz einer Pfandsache hat, dieser ihm mit dem Willen des Schuldners übergeben ist. Die Rechtsregel hat doch wol keinen Gläubiger gezwungen sich Besitz an einer Sache als Pfand vom Schuldner übertragen zu lassen. Wenn der Gläubiger ihn also hat, so hat er ihn doch auch nur mit seinem Willen und natürlich dem des Schuldners, der sich dazu verstehen musste.

Beim Niessbrauch hat doch der *legans* gewollt, dass der Erbe kein Recht haben solle den Niessbraucher zu entsetzen, und wenn das dem Legatar nicht passte, wenn er nur unter der närrischen Bedingung den Genuss der Sache haben wollte, dass der Erbe ihn plötzlich einmal entsetzte, so brauchte er ja das Legat des Niessbrauchs nicht anzunehmen. Wollte aber der gedachte Kauz doch den Genuss der Sache haben, so musste er den Besitzcharakter seines Benützungsrechts mitnehmen.

Sollte nun etwa noch gezweifelt werden können, dass der Dienstmann, der mein Gepäck tragen soll, dass der Schneider, dem ich Tuch übergebe, um daraus einen Rock zu machen, den Vertrag eingegangen sind, nicht nur diese Dinge dem Besitzherrn nach gemachtem Gebrauch, nach Ausführung des Auftrages zu übergeben, sondern auch ihm seine Sachen jederzeit noch vor Ausführung auf sein Verlangen herauszugeben? Es mag ja bezweifelt werden, insofern gewiss nie ein Wort davon gesprochen wird. Allein das hat seinen guten Grund. Der Beauftragte will nur verdienen, er wird nichts dagegen haben, wenn ihm die Arbeitslast genommen wird, aber der Verdienst bleibt. Nur darum kann es sich dabei handeln, ob der Auftraggeber, der vor Ausführung der Arbeit plötzlich seinen Entschluss ändert und die Sache zurückverlangt, ob dieser, sage ich, resp. in wie weit er für teilweise geleistete Arbeit, den Lohn ganz oder teilweise zu zahlen oder auch für den entgangenen Gewinn, da der Beauftragte andere Aufträge ausschlagen musste, Ersatz zu leisten hat. Das brauche ich nicht zu entscheiden; jedenfalls stört diese Verpflichtung das Recht des Auftraggebers auf die Sache nicht.

Dieses Recht ist so selbstverständlich, dass der Auftraggeber es bei der Bestellung erst nicht ausdrücklich zu wahren, den Beauftragten erst nicht zu fragen braucht, ob er auch darauf eingehe. Es folgt aus dem Wesen des Auftrages. Wenn der Dienstmann mein Gepäck meinem Auftrage gemäss neben mir auf den Bahnhof trägt, mir aber unter Wegs einfällt, dass ein schleuniger Besuch bei Herrn X mir vom grössten Nutzen sein könne, sollte ich dann nicht berechtigt sein, dem Dienstmann bei der nächsten Droschke das Gepäck abzunehmen? Es wäre ein ungeheuerlicher Gedanke. Mag er Bezahlung verlangen und vom Rechte zugesprochen erhalten, als wenn er es bis auf den Bahnhof getragen hätte, aber hergeben muss er es. Er hat das Recht zu diesem Gebrauch dieses Dinges nur in dem Sinne, dass niemand ihn, wenn er es auf der Strasse trägt, einer Störung meines Besitzes beschuldigen kann, und indem er gegen die Störung von Seiten jedes andern geschützt wird, aber nicht in dem, dass ich nun die Pflicht hätte, die Sache bis zur Erreichung des genannten Endpunktes in seiner Hand zu lassen. Er hat die Pflicht übernommen, aber nicht das Recht gegen mich, bis dahin zu tragen, und ich habe ein Recht auf diese seine Leistung; ich habe die Pflicht übernommen, ihn dafür zu bezahlen, aber nicht die Pflicht die Leistung zu geniessen, so wie ich auch im Wirtshause durch die Bestellung eines Glases Bier die Pflicht übernehme, zu zahlen, aber nicht es auszutrinken. Das erwähne ich, nicht um das erwähnte Recht zu beweisen, sondern nur um zu behaupten, dass es eben als Selbstverständliches bei dem Auftrage mitgedacht, bei Uebernahme des Auftrages vom Beauftragten stillschweigend zugestanden ist.

Aber nun gewärtige ich den Einwand, dass es ja dann, da ich aus der Natur der Sache die Selbstverständlichkeit behauptet habe, eben nicht mehr des *animus detinendi* des Beauftragten bedürfe; die Rechtsregel fliesst aus der Natur der Sache und so entscheidet diese; der subjektive Wille des Beauftragten ist überflüssig. Und so wird es wol auch in den anderen Fällen der Detention bei Pacht, Miete, Kommodat und Depositum sein! Und doch nicht!

Wenn die Rechtsregel in diesen Fällen nur das Recht der Detention eintreten lässt, dem Inhaber also kein Recht, Besitz zu übertragen, kein Recht, dem Willen des Besitzherrn auf Wiedergabe der Sache zu widerstehen, zuerkennt, so ist dies die Voraussetzung, dass kein Mensch in einem andern Sinne einen solchen Auftrag gibt, und dass ebenso kein Beauftragter einen solchen Auftrag anders versteht. Die Selbstverständlichkeit fliesst nicht aus einem Rechtsbegriffe, sondern aus der Natur des Menschen und des menschlichen Verkehrs. Die Selbstverständlichkeit ist also blos der Grund zu der Annahme, dass jeder Annehmer eines solchen Auftrages diese Bedingung acceptirt habe. Die Voraussetzung ist so selbstverständlich, wie die andere, an welcher niemand zweifelt, dass wer in ein Wirtshaus kommt und die Worte spricht, „ich bitte um ein Glas Bier", damit vertragsmässig seinen Willen erklärt, den Preis zu zahlen. Den Einwand, dass er sich nicht habe verpflichten, sondern nur eine bescheidene Bitte aussprechen wollen, wird niemand gelten lassen.

Dass der Borger einer Sache *eo ipso* auf die Bedingung, dieselbe jederzeit auf Verlangen des Besitzers wieder herauszugeben, selbstverständlich eingegangen sei, kann nicht behauptet werden. Mancher würde durch die plötzliche Unterbrechung seiner Benützung in die grösste Not und Verlegenheit, in schwere Schädigung gebracht werden, und hätte, wenn er diese Bedingung gekannt hätte, sich anderswoher die Sache zu sichererem Gebrauche verschaffen können. Aber es kommt doch wesentlich auf den Vertragswillen an, wie er, wenn er nicht ausdrücklich geäussert ist, aus der Natur und der Verwendbarkeit der geborgten Sache und allen Umständen zu erkennen oder zu präsumiren ist. Ist eine Gebrauchszeit ausdrücklich abgemacht worden oder versteht sie sich aus den Umständen, der Natur und Verwendbarkeit der geborgten Sache von selbst, so kann der Borger sie vor Ablauf dieser Zeit nicht verlangen. Ob nun Besitz vorhanden ist? Wiederum: was ist er? welche Rechte schliesst er in sich? das ist alles: im Uebrigen ist er ein Wort. Usukapion würde stattfinden, wenn der Verborger sich dauernd nicht mehr meldet. Das Mass des Schutzes gegen diesen ergibt sich aus der Abmachung resp. dem aus den Umständen und der Natur der Sache zu präsumirenden Vertragswillen. Schutz gegen jeden andern versteht sich nach meinen Voraussetzungen von selbst.

Auch Pächter und Mieter haben nicht ihren Vertragswillen dahin erklärt, dass Verpächter und Vermieter jeder Zeit das Recht haben solle, sie zu entsetzen. Aber den Pacht oder Miete Suchenden wurde einst in Rom kein anderer Vertrag gewährt, und sie waren nicht in der Lage, Bedingungen zu stellen. Die Hauptsache ist freilich, dass man es für rechtlich unmöglich hielt, dass jemand ein einzelnes Benützungsrecht an seiner Sache wirklich so auf bestimmte Zeit übertragen könne, dass er in dieser Zeit das Benützungsrecht nicht mehr hätte, also die Erlaubniss nicht rückgängig machen könnte. Insoweit schiene allerdings die Rechtsregel zu entscheiden. Aber dann waren wol auch Pächter und Mieter ebenso wie Verpächter und Vermieter im Geiste dieses Rechtes befangen und dachten gar nicht daran, etwas anderes wollen zu können; die Rechtsregel entschied nicht gegen ihren Willen, sie gingen freiwillig einen solchen Vertrag ein.

Ich betone, dass wir nicht fragen dürfen: „Besitz oder Detention"? sondern immer nur: welche Rechtsfolgen können, welche sollen eintreten?

Dass des Verpächters und Vermieters Usukapion durch die Benützung von Seiten des Pächters und Mieters nicht unterbrochen wird, dass sie, als Besitzer, gegen den Inhaber der Sache, sobald seine Benützungsbefugniss erloschen ist, Gewalt brauchen dürfen, beweist noch gar nicht, dass sie die Erlaubniss jeder Zeit müssten zurücknehmen können, dass es ihnen rechtlich unmöglich sein müsse, sich ihres Entsetzungsrechts durch Vertrag auf bestimmte Zeit mit Rechtswirkung zu begeben. Der Schluss, weil sonst Pächter und Mieter Besitzer wären, es also Verpächter und Vermieter in dieser Zeit nicht auch sein könnten, also auch nicht alle sonstigen Rechte des Besitzers haben könnten, wäre die traurigste „Begriffsjurisprudenz", die es geben kann.

Meinetwegen spreche man dem Pächter und Mieter den Besitz ab. Was liegt am Namen? Es ist mit nichts erwiesen. dass die besprochenen Momente durchaus zusammensein müssten, einander forderten. Wenn wir es für möglich halten, dass ein Besitzer eine Art der Benützung, die direkte nämlich, auf Zeit überträgt, worauf alles ankommt (cf. Begriff d. subj. R. S. 90—203), so ist nicht abzusehen, wie und warum dadurch, dass Pächter und Mieter für die vertragsmässig ausgemachte Zeit das Recht der direkten Benützung wirklich haben, so dass auch ihr Konstituent an den Vertrag gebunden ist, dieser letztere die sonst unter dem Namen des Besitzes zusammengefassten Rechte nicht mehr haben könnte.

Man hat gesagt, dass Pächter und Mieter, wie auch der Kommodatar, die Sache für sich, den Besitz für den Geber haben, man müsse nur die Sache, oder besser die reale Verwendung derselben für ihre Zwecke von dem Besitz, dessen es für letztere gar nicht bedarf, genau trennen. Den Besitz haben sie nicht für sich, sondern für den Geber, ihr Verhältniss in dieser Beziehung sei juristisch nichts als das der Ausübung eines fremden Besitzes — „Stellvertretung im Besitz." Was heisst „Ausübung fremden Besitzes"? was heisst dabei „Besitz"? Denken wir an das blosse Faktum der realen Benützung, sollte dies der „Besitz" sein, so wäre Ausübung fremden Besitzes unmöglich. Wenn dies unmöglich ist, so kann „Besitz" nur das Recht des Besitzes bedeuten. Was heisst dann „Ausübung"? Nach Begriff d. subj. R. S. 141 f. heisst es dasjenige tun, was zu tun man berechtigt ist, diejenigen Handlungen vornehmen, welche eben den Inhalt des gemeinten subjektiven Rechts ausmachen. Wenn nun jemand eines seiner Benützungsrechte überträgt, so gewinnt der andere, dem es übertragen, ist, das Recht eben dieselben Handlungen an dieser selben Sache vorzunehmen, deren Vornahme bisher nur ein Recht des Uebertragenden war, resp. ein Teil oder ein Stück in dem ganzen Rechte des Eigentums oder Besitzes ist, welches der Uebertragende nur eben herausgenommen hat. Unterscheiden wir das ganze uneingeschränkte Benützungsrecht oder den Inbegriff aller erdenklichen Benützungen, welcher den „Besitz" ausmacht, von den einzelnen Benützungsrechten, also 1) das einzelne (eben auf Zeit übertragene) Recht einer Benützungsart, und 2) alles das, was nicht mit übertragen ist, also dem Besitzer noch verbleibt, wohin alles das gehört, was eben den Verpächter, Vermieter noch als Besitzer charakterisiren soll, seine Stellung im Process, die Fortdauer seiner Usukapion, seine sonstige Verfügungsgewalt über die Sache, z. B. sie zu verkaufen. Wenn letztere Rechte nicht mit übertragen sind, wenn der Verpächter und Vermieter sie noch hat, so übt sie eben der Pächter und Mieter nicht aus; wenn der behauptete Besitz aber in diesen Rechten besteht, so üben Pächter und Mieter nicht fremden Besitz aus. Verstehen wir unter Besitz jenes ganze Recht, von dem die Benützung, welche der Pächter vornimmt, nur ein Stück oder Teil ist, so übt er doch gewiss dieses ganze Recht als ganzes nicht aus, ist also nicht Ausüber dieses so gemeinten Besitzes.

Verstehen wir nun aber unter dem Besitz grade nur die eine, die direkte Benützung, und kein anderes Recht, so ist klar, dass Pächter und Mieter, wenn ihnen im Vertrage das Recht zu dieser Benützung übertragen worden ist, ihr eigenes Recht ausüben, nicht fremdes, ihren eigenen Besitz in dem Sinne eines Teiles des ganzen Besitzes, welcher Teil nun (auf Zeit) ihnen gehört. Dass sie dabei fremden Besitz ausüben, kann nur den Sinn der Herkunft ihres Rechtes, seine Heimat, seine Geltungsart bedeuten (Begriff d. subj. R. S. 259 f.), nur dies, dass ein solches direktes Benützungsrecht doch nicht für sich allein entstanden ist und als selbständiges Recht existirt, sondern (cf. Begriff d. subj. R. S. 288 f.) nur zusammen mit jenen andern, welche das Ganze des Besitzes ausmachen, und dass dieses Ganze jener andere, der Konstituent, hat, dass der direkte Benützer ein vereinzeltes Benützungsrecht nur von jenem andern, nur durch dessen Willen hat, und dass es naturgemäss nach Ablauf der Frist oder bei Eintritt anderer Bedingungen oder wenn er verzichtet, an jenen zurückfällt.

Pächter und Mieter können nicht „die Sache für sich haben wollen und den Besitz für den Geber haben". Denn worin eigentlich noch dessen Besitz besteht, das haben sie überhaupt nicht, und das was sie haben, ist nicht die Sache im Gegensatz zum Besitz, sondern ein Benützungsrecht an der Sache im Gegensatz zu dem Inbegriff aller anderen. „Man muss die reale

Verwendung der Sache von dem Besitz, dessen es für diese gar
nicht bedürfe, trennen", ist falsch; man darf, man kann sie nicht
trennen, es sei denn, dass der Besitz der Inbegriff der andern
zurückbehaltenen Rechte wäre. Dann steht aber nicht „die
Sache" oder ihre „reale Verwendung" im Gegensatz zum Besitz
als dem Rechte. Denn zur Verwendung bedarf es des Benützungsrechtes, widrigenfalls der Besitzer die unberechtigte
Verwendung sehr bald zu hindern im Stande sein wird.

Der Ersatzmann bekommt Besitz, nach Ihering a. a. O.
S. 381, weil er an der Sache Deckung haben soll für seine
Auslagen und übernommenen Verpflichtungen. Aber diese „Rechtsregel" steht doch wiederum nicht im Gegensatz zu dem subjektiven Willen. Es ist sein grösstes Interesse, ihn zu haben, und
es entspricht nur der Billigkeit, wenn er ihm gewährt wird.
Deshalb wird wiederum als selbstverständlich vorausgesetzt, dass,
wenn nicht anderes ausdrücklich abgemacht ist, der Vertreter
nur unter dieser Bedingung sich zu diesem Geschäft, welches
ihn zwingt, Auslagen zu machen und Verpflichtungen zu übernehmen, bereit erklärt hat. Wenn aber der (direkte) Stellver-
treter wirklich gar nicht die Absicht hat, Besitz zu erwerben,
sondern in Uebereinstimmung mit dem Willen des Principals sofort den Besitz für diesen zu erwerben, so kann ich beim
besten Willen nicht sehen, was eine Rechtsregel dagegen haben
könnte.

Der direkte Vertreter ist Beauftragter; er handelt, verspricht
und empfängt im Namen des Vertretenen und für ihn. Wie
sehr er sich auch sonst von dem Gepäckträger, der den Auftrag
hat, einen Koffer auf den Bahnhof zu tragen, unterscheidet, in
dem Punkte der Besitzfrage ist er Beauftragter, wie dieser, und
sein Recht ist das aus dem Auftragsvertrage.

Der Geschäftsführer ohne Auftrag wird gleichfalls unter
dem Gesichtspunkte des Beauftragten zu betrachten sein. Wir
fingiren nicht, dass er einen Auftrag erhalten hätte, aber sein
Handeln richtet sich nach dem mutmasslichen, einzig annehm-
baren Interesse und Willen dessen, für welchen er das Geschäft
führt; sein Wille ist nur darauf gerichtet, Interesse und Willen
jenes zur Befriedigung zu verhelfen. Also was sein Verhältniss
zur Sache anbetrifft, so ist es auch ohne Auftrag dasselbe wie
mit Auftrag; er tut ohne Auftrag dasselbe und in demselben

Sinne, Interesse und Willen des Besitzers verstehend und auf seine Anerkennung als etwas Selbstverständliches rechnend, was er nur mit Auftrag tun könnte, und will es selbst so angesehen haben, als wenn er im Auftrage gehandelt hätte.

Meine Erklärung passt nicht auf den angeblichen Besitz des Pfandgläubigers, aber das kann ihr nicht zum Vorwurf gereichen. Wenn ein unklarer Begriff auf viele verschiedenartige Fälle angewendet worden ist, so wird seine Klärung immer einige von diesen ausschliessen müssen. Die Sache ist äusserst einfach. Man hat nur gefragt: ist das sachenrechtliche Verhältniss des Gläubigers zu der verpfändeten Sache Besitz oder nur Detention? und musste sich, wenn es durchaus in diese Disjunktion gepresst werden soll, da das wesentliche Merkmal der Detention, nämlich die Rechtlosigkeit des Detentors gegenüber dem Besitzherrn, das Recht des letzteren, ersteren jederzeit zu entsetzen, nicht vorlag, unzweifelhaft für Besitz entscheiden. Aber doch offenbar nur um dieses einen Merkmals willen. Es fragt sich aber, ob die Disjunktion, entweder Besitz oder nur Detention, richtig ist. Wenn ich an den Besitz nach dem Vorbilde des Eigentums von ihm nur durch den Vorbehalt zu Gunsten des Besserberechtigten unterschieden denke, so hat der Pfandgläubiger nicht Besitz. Das Recht, welches er überhaupt hat, hat er vorbehaltlos.

Man mag auch an den Gegensatz zum Eigentum gedacht und gemeint haben, dass der Pfandgläubiger doch jedenfalls nicht das Eigentum an der Pfandsache habe, und so schien wieder nichts anderes, als Besitz für ihn übrig zu bleiben. Aber dann ist beidemal Besitz in verschiedenem Sinne genommen, das erste mal bedeutet er die Unabhängigkeit von der Willkür des Konstituenten, das andere mal bedeutet er die Eingeschränktheit der Verfügungsgewalt. In der Tat ist das Recht des Pfandgläubigers an der Pfandsache weder Eigentum noch Besitz noch Detention, sondern gehört zu den einzelnen Benützungs- (Verfügungs-) Rechten im Gegensatz zu dem Recht auf den Inbegriff aller Benützungen. Und dieses übertragene Recht hat er ohne jeden Vorbehalt zu Gunsten eines Besserberechtigten und er benützt nicht ohne, sondern mit Zustimmung des Eigentümers der Sache. Freilich, wenn er die Sache in seinem Gewahrsam hat, wird man immer wieder von Besitz zu sprechen sich versucht fühlen, aber ich habe ja sehr oft schon erklärt, dass es auf den Namen nicht ankommt und dass es unmöglich ist, alle sachenrechtlichen Gebilde in das Prokrustesbett dieser Disjunktion, Eigentum, Besitz, Detention zu zwängen. Der angegebene Unterschied bleibt doch bestehen und das Pfandrecht wird auch ohne „Besitz" mit meiner obigen Bestimmung gut auskommen.

Mit dem Besitz des Niessbrauchers verhält es sich ebenso. Sein Benützungsrecht umfasst nicht den Inbgriff aller möglichen Benützungen, also ist er nicht Eigentümer; er ist nicht nur gegen Dritte, sondern auch gegen die Launen des Besitzherrn geschützt, also ist er nicht Detentor; er hat sein Genussrecht aber vorbehaltlos, also ist er auch nicht blos Besitzer.

Der Pfandgläubiger und der Niessbraucher haben das Recht auf bestimmte einzelne Benützungen der Sache, aber sie haben nicht Besitz an diesem Rechte, falls man unter Besitz nicht eben einfach das Haben eines Rechtes versteht.

Wenn man dem Sachbesitz den Rechtsbesitz gegenüberstellt, so habe ich zuerst den Gegensatz zu rügen. Beide mal ist das Objekt des Habens das Recht auf Sachgenuss- und Benützung, nur das eine mal auf den Inbgriff aller möglichen Benützungen, das andere mal auf eine einzelne Benützung oder Benützungsart.

Das vorbehaltlose Recht auf die Sache ist Eigentum an der Sache, das vorbehaltliche Recht ist Besitz der Sache; es fragt sich, ob das Wort „Besitz eines Rechtes" überhaupt Sinn hat.

Ist Besitz die blosse Tatsache des Benützens (Gebrauchens, Geniessens), so wäre der Besitz eines Rechtes die blosse Tatsache des Benützens des Rechtes, und da das Recht doch eben Recht auf Benützung einer Sache oder Genuss einer Leistung ist, so wäre Besitz eines Rechts die blosse Tatsache des Benützens des Rechts auf Benützung einer Sache oder Genuss einer Leistung. Nun ist Benützung eines Rechtes (sc. die direkte, und von einer indirekten kann doch hier keine Rede sein) nichts anderes als Ausübung desselben, d. h. nichts anderes, als diejenigen Handlungen vornehmen oder dasjenige tun, wozu man berechtigt ist oder was den Inhalt des Rechtes ausmacht. Dann wäre Besitz eines Rechts also eigentlich die blosse Tatsache des Vornehmens derjenigen Handlungen, welche Inhalt eines Rechtes sind. Ist der Handelnde nun zu diesen Handlungen nicht berechtigt, so wird man das Vornehmen derselben gewiss nicht als Rechtsbesitz bezeichnen. Ist er aber dazu berechtigt, so ist das Besitzen des Rechts eben nichts anderes, als das einfache Haben des Rechts, in dem bekannten Sinne, dass das objektive Recht den auf diese Handlungen resp. diesen Genuss gerichteten Willen eines Subjektes bejaht. Dann wäre aber auch nicht mehr ersichtlich, wodurch dieser Besitz sich vom Eigentum unterscheidet. Er müsste das vorbehaltliche Recht auf die fernere Sachbenützung oder den ferneren Genuss einer Leistung sein, und das mag ja auf den ersten Augenblick ganz richtig scheinen. Habe ich doch selbst oben dargestellt, wie schwer zu beweisen ist, dass niemand ein besseres Recht habe, und dass somit (von einem Verteilungsakte abgesehn) immer oder fast immer die Möglichkeit, dass ein Besserberechtigter sich melde, von der Rechtsordnung anerkannt werden muss und somit ein Vorbehalt zu Gunsten eines etwaigen Besserberechtigten vorhanden ist. Wirklich also scheint es, dass Besitz an vereinzelten Benützungsrechten begrifflich ebenso denkbar ist, wie an dem Inbegriff aller Benützungsrechte, wie der Vollbesitz. Aber doch ist ein grosser Unterschied. Das Princip, welches an die blosse Tatsache der Benützung eines Dinges das vorbehaltliche Recht auf fernere Benützung knüpfen liess, ist, wenn es sich um einzelne Arten der Benützung eines Dinges, welches in eines anderen Besitz ist, handelt, gar nicht anwendbar.

Kampf und Streit sollte vermieden werden, die feste Ordnung der Sachbenützungen sollte die Grundbedingung alles edleren menschenwürdigen Daseins herstellen. Voraussetzung war dabei, dass es einer Regulirung bedarf, dass an Dinge gedacht wurde, welche vielen zugleich begehrenswert, ohne die ordnende Norm unausgesetzt zu Kampf und Streit Anlass geben, sie unvermeidlich machen würden. Daher das Gebot: wer ein solches Ding in seiner Gewalt und Benützung hat, soll es behalten, bis jemand sein besseres Recht beweist.

In unserem Falle aber, bei dem Besitze von einzelnen Benützungsrechten an fremder Sache, kann davon gar nicht die Rede sein. Denn grade im Begriffe dieses Rechtes ist schon die Voraussetzung gemacht, dass der Genuss der Sache schon geordnet ist, dass sie sich im Vollbesitz eines Menschen befindet.

Nur ist eines von den zu ihm gehörigen, ihn ausmachenden Benützungsrechten einem andern übertragen worden. Ist solches nicht geschehen, so ist der ganze Genuss dieser Sache geordnet, jede Benützungsart gehört zu dem Recht des Besitzers. Wie kann jemand ein einzelnes Benützungsrecht an der Sache, wenn er es nicht hat, „in Besitz nehmen“? Was kann dabei Besitz heissen? Er tut eben dasjenige, was wol Inhalt eines solchen abgesonderten Rechtes sein könnte, aber nicht sein Recht ist. Welches Recht hätte er durch diese Handlung gewonnen? Das auf Wiederholung derselben?

Wer unbefugterweise, wenn auch zu wiederholten Malen eine solche Handlungen vornimmt, als wenn er das Recht dazu hätte, gewinnt es dadurch nicht ohne weiteres. Wenn auch viele vielleicht Lust hätten, eben dieses zu tun, so kann über den Genuss eines solchen Dinges gar kein Kampf und Streit unter den gleichzeitig Begehrenden stattfinden, wenigstens nicht nach der Voraussetzung. Viele können dieselbe Handlung, zu welcher keiner von ihnen berechtigt ist, vornehmen wollen, aber keiner von ihnen okkupirt das Recht; dieses liegt nicht da wie besitzerloses Gut, des Zugreifers harrend. Wenn es ein bisheriger Inhaber verloren hat, so gehört es *eo ipso* dem Vollbesitzer der Sache, und kein anderer kann es in Besitz nehmen. Es existirt gar nicht losgelöst von dem Vollbesitze, ausser wenn es einem bestimmten Individuum von ihm übertragen worden ist. Wenn man entgegnen sollte, dass doch auch Streit um solches Benützungsrecht vorkommen kann, so ist zu bedenken, dass dies doch eben nur möglich ist unter solchen, von welchen jeder behauptet, eben derjenige zu sein, resp. Rechtsnachfolger desjenigen zu sein, welchem auf Grund besonderer Verhältnisse dieses Benützungsrecht vom Sachbesitzer übertragen worden ist. Insofern die Möglichkeit, dass ein solcher Gegner auftritt, niemals ausgeschlossen ist, kann freilich das Recht ein vorbehaltliches, also Besitz genannt werden. Aber der wesentliche Unterschied ist doch der, dass das bessere Recht, welches der Gegner geltend zu machen hat, in unserm Falle nur im Nachweis des positiven auf besonderen Verhältnissen beruhenden Rechtes besteht, niemals aber, wie beim Sachbesitz, in der blossen Tatsache der bisherigen Benützung und dem Umstande, dass der spätere Benützer ohne Zustimmung des früheren benützt.

Wie ist der Gedanke möglich, dass solches einzelnes Benützungsrecht aus der Gewalt des ursprünglich allein Berechtigten d. i. des Vollbesitzers in andere Hände geriete, wie die Sache selbst? Welche Folge kann es haben, wenn ausser ihm jemand diese Handlung vornimmt? Gegen wen wird letzterer geschützt? Gegen die geschehende Eigenmacht eines ebenso Unberechtigten wird er sich zu wehren berechtigt sein, aber doch nur als der gewalttätig Angegriffene, nicht aus seinem Recht des Besitzes dieses Rechts, nicht deshalb, weil er es nun einmal ausübe, es zuerst okkupirt habe, denn es ist gar nicht als okkupirbares Gut vorhanden. Er kann gegen andere ebenso Unberechtigte, welche nach ihm die gleiche Benützung ohne seine Zustimmung vornehmen, nicht als bisheriger Benützer d. i. Besitzer der Besserberechtigte sein, als hätte er solches Recht okkupirt. Und der wirklich Besserberechtigte d. i. der Vollbesitzer wird gegen jede seiner Handlungen stets das Recht der Selbsthülfe haben.

Von dieser Seite her kann es Besitz eines vereinzelten Benützungsrechts an einer Sache, welche im Vollbesitz eines andern steht, nicht geben. Ist eine Sache aus dem Besitz d. i. aus der tatsächlichen Gewalt und Benützung des Eigentümers gekommen, so ist sie als benützbares Gut vorhanden, welches von Menschen die ihrer bedürfen, benützt werden soll, und welches von vielen begehrt wird, weshalb, wer sie in Benützung und Gewalt genommen hat, der Ordnung wegen vorläufig gegen jeden andern, es sei denn, dass letzterer sein besseres Recht beweise, geschützt wird. Aber ein vereinzeltes Benützungsrecht an der Sache, welche in Benützung und Gewalt eines andern steht, kann gar nicht aus der Benützung und Gewalt dieses andern kommen, so dass jemand es okkupiren und schon dadurch gegen jeden andern Ausüber desselben d. i. Vornehmer der gleichen Benützungshandlung *eo ipso* der Besserberechtigte sein könnte.

Ich sagte oben schon, dass die Merkmale des Besitzes nicht zusammen zu sein brauchen; eines kann fehlen, ein anderes da sein. Besitz eines Rechts ist von dieser einen Seite unmöglich, wol aber in einem anderen Sinne vorhanden, und wenn man in diesem anderen Sinne von Rechtsbesitz sprechen will, so ist wenigstens anzuerkennen, dass diesem Besitz ein ganz anderes Princip zu Grunde liegt. Die an einer fremden Sache vorgenommene Benützungshandlung kann gegenüber dem Vollbesitzer der Sache zu dem Rechte zu derselben führen. Vorausgesetzt ist selbstverständlich, dass die Benützungshandlungen nicht heimlich oder mit Gewalt gegen den Sachbesitzer vorgenommen worden sind. Ist dies nicht der Fall, so muss der letztere von ihnen Kenntniss gehabt und sie geduldet haben, gleichviel ob er der irrtümlichen Meinung war, dass jener ein Recht dazu habe, oder ob er aus irgend einem andern Grunde den rechtzeitigen Einspruch unterlassen hat. Hat er letzteres getan, so muss der Benützer einmal endgültig wissen, ob er diese Handlung vornehmen, ob er soweit über die Sache, positiv oder negativ verfügen darf oder nicht. Möglicherweise gewinnt oder verliert sein Eigentum dadurch an Wert und richten sich danach seine wichtigsten Massnahmen und Entschliessungen. Das ist dasselbe Princip, welches oben schon bei der Ersitzung geltend gemacht worden ist. Es macht den tatsächlichen Benützer in Folge der Unterlassung des Einspruchs des Eigentümers resp. des Vollbesitzers gegen diesen zum Besserberechtigten, aber es ist ein anderes Princip als dasjenige, welches den tatsächlichen Benützer blos als den früheren Benützer gegen jeden späteren ohne seine Einwilligung (resp. ohne gesetzliche Befugniss) Benützenden zum Besserberechtigten macht. Letzteres ist in unserem Falle nicht anwendbar und dieses Merkmal des Besitzes ist auch nach meinen Voraussetzungen und Folgerungen in unserem Falle nicht vorhanden.

Ist Besitz des Rechtes auf einzelne Arten der Benützung und Verfügung über eine Sache so weit, wie eben dargestellt wurde, anzuerkennen. so ist dagegen Besitz an einem Forderungsrechte ganz unmöglich. Das geht aus der Natur des Objektes des Rechtes hervor: im Unterschied von Sache und Leistung resp. Handlung, von Sachenrecht und Forderungsrecht liegt es, dass das Recht auf eigne Handlungen, deren Objekt eine Sache ist, im erörterten Sinne wol besessen werden kann, nicht aber das auf fremde Handlungen oder Unterlassungen (vergl. meinen Aufsatz über Eugen Fuchs „das Wesen der Dinglichkeit" in der Krit. Vierteljahresschrift N. F. Bd. XIV. H. 2 S. 217 ff. 229 ff.).

Das Ding und seine ganze Benützbarkeit, alles dasjenige was seinen Wert, seine Verwendbarkeit, seinen Nutzen für

Menschen, seinen Charakter als ein Gut ausmacht, ist da, ist vorhanden, gleichviel ob Menschen da sind, die es geniessen können und wollen, ganz unabhängig davon, ob ein zu seinem Genusse Berechtigter da ist. Die fremde Handlung, welche den Inhalt eines Forderungsrechtes ausmacht, ist aber ohne den Berechtigten überhaupt nicht als ein geniessbares okkupirbares Gut vorhanden. Ehe der Verpflichtete die Handlung vornimmt, ist sie gar nicht da und kann von niemandem genossen und benützt werden. Freilich ist die Möglichkeit zu solchen Handlungen vorhanden; auch die Dinge sind da, welche in manchen Forderungsrechten das Objekt der Handlung sind; oft auch mag jemand eben solche Handlungen, wie die den Inhalt eines Forderungsrechtes ausmachenden, aus eignem Antriebe für sich in seinem eignen Interesse vornehmen, aber dadurch ist die Handlung doch nicht als ein für andere geniessbares, benützbares, okkupirbares Gut vorhanden. Ein für jemand geniess- und benützbares Gut wird sie erst durch die Verpflichtung, als Leistungspflicht. Verpflichtungen oder Leistungspflichten sind aber ohne einen bestimmten Berechtigten nicht denkbar und bestehen überhaupt nur ihm gegenüber, sind sonst gar nicht vorhanden. Das entsprechende Recht kann also auch gar nicht in fremden Besitz geraten; es kann nicht gestohlen oder geraubt werden; denn einem andern gegenüber besteht diese Leistungspflicht nicht, also kann auch niemand anders, da ein Recht nicht ohne Pflicht besteht, das Forderungsrecht haben, auch nicht blos besitzen. Weil der Gegensatz des Besitzes nicht vorhanden ist, deshalb nennt man auch gewöhnlich das Haben des Forderungsrechtes nicht Eigentum an ihm. Sollte aber der Gegensatz in Frage kommen, so kann es nur Eigentum genannt werden. Wie jemand ein vorbehaltliches Recht auf den Genuss einer Leistung haben kann, ist nicht zu ersehen. Wer nicht durch Vertrag oder durch Gesetz das Recht auf die Leistung eines andern hat, hat gar keines, ist auch nicht einem Besserberechtigten gegenüber der Schlechterberechtigte, sondern ist und bleibt absolut nichtberechtigt. Wer ein Forderungsrecht an jemanden zu haben glaubt, wird gegen den Prätendenten geschützt, aber nicht als Besitzer, weil er es grade tatsächlich ausübt, sondern als der wirklich Berechtigte, der Eigentümer desselben. Der Streit kann immer nur als Rechtsstreit entschieden werden. Und wenn der eine irrtümlich berechtigt und der andere irrtümlich verpflichtet zu sein glaubt, vielleicht, wenn es sich um wiederkehrende Leistungen handelt, schon mehrfach geleistet, z. B. Zinsen gezahlt, vorgesungen, Stunde gegeben hat, so kann daraus niemals ein wirkliches Recht und eine wirkliche Pflicht, niemals Ersitzungseigentum an der Forderung entstehen. Der Grund ist der, dass das ganze Institut der Ersitzung doch nur in dem principalen Interesse an der Regulirung der Sachbenützungen wurzelt, also wo dieses nicht in Frage kommt, absolut keinen Sinn hat. In unserem Falle aber kommt es offensichtlich nicht in Frage.

Anders ist es nur, wenn die fremden zu tuenden oder zu unterlassenden Handlungen eine bestimmte Sache zu ihrem Objekte haben, und wenn die Veränderung durch die Handlung oder die unveränderte Erhaltung durch die Unterlassung von der Rechtsordnung zum Genuss des Berechtigten bestimmt erscheint. Dann muss ja nach dieser Voraussetzung das Interesse an der Regulirung der Sachbenützungen wieder hervortreten. Ueber den Charakter dieser Rechte vergl. Krit. Viert. l. l. S. 222. Und anders ist es auch bei den Inhaberpapieren. Die Leistung ist wie ein vorhandenes okkupirbares Gut, nicht zwar davon unabhängig, ob überhaupt Berechtigte da sind, wol aber von der Person des Berechtigten. An ihnen ist demnach Besitz möglich.

Folgerungen und Erläuterungen.

Wenn die Tatsache der Benützung entscheiden soll, so haben wir nun zu fragen, ob sich nicht einfachste Elemente in ihr unterscheiden lassen, um ihr Verhältniss unter einander resp. das wichtige, welches den Ausschlag gibt, herauszufinden.

Wenn nicht jede Tatsache, auch die Ereignisse der äusseren Natur, um ihrer selbst willen geschützt werden sollen, so doch offenbar nur solche, welche in menschlichen Handlungen bestehen, also auch nur um deswillen, wodurch sie sich von jenen unterscheiden, d. i. durch den Willen, der die Glieder, durch das Gefühl und Interesse, welches den Willen in Bewegung setzt. Demnach sehen wir in der schützenswerten Tatsache einer Sachbenützung nicht automatische Gliederbewegungen, nicht ein blos räumliches Verhältniss, sondern — was auch Bekker und Ihering schon hervorgehoben haben — einen auf den bestimmten Genuss der Sache gerichteten Willen, ein an der bestimmten Sachbenützung bestehendes Interesse. Dies ist das Wesentliche. (Vergl. Begr. d. subj. R. S. 38—45.)

Wenn ich von dem Erfordernisse des Willens spreche, so meine ich selbstverständlich nicht den *animus domini* im Gegensatz zu dem *animus alieno nomine detinendi*, sondern nur den Willen, der irgend wie eine Sache zu seinem Objekt hat, sei es um von einer positiven Einwirkung auf dieselbe, sei es von ihrer unveränderten Erhaltung am bestimmten Orte Nutzen zu ziehen.

Der Beweis dieses Willens macht keine Schwierigkeiten. Wer ihn nicht hat, wird ihn auch nicht wahrheitswidrig behaupten, und wer ihn behauptet, wird auch einen Grund dazu, wird irgend ein Interesse an der Sache haben. Die Existenz eines Willens besteht nur darin, dass jemand sich desselben bewusst ist, und so ist jeder für seinen Willen klassischer Zeuge.

Freilich kann der Wille auch durch Handlungen bezeugt sein, weil und insoweit wir, jeder nur aus seinen eignen inneren Erfahrungen, wissen oder zu wissen glauben, dass die und die Gliederbewegungen ohne einen bestimmten Willen nicht zu Stande kommen können. Der Beweis für das Nichtvorhandensein eines bestimmten Willens bestünde von dieser Seite her in der Unterlassung bestimmter Handlungen, aber doch nur unter der Voraussetzung, dass diejenigen Umstände vorhanden sind, welche den Willen, wenn er vorhanden wäre, in Bewegung setzen und die Handlung eintreten lassen würden. Hinzugefügt sei, dass dieser Schluss unsicher wird, wenn wir die Mannigfaltigkeit möglicher Launen, Irrtümer, geheimer Absichten, wunderlicher Gemütszustände in Betracht ziehen, welche es immer noch möglich machen, dass jemand trotz vorhandenen Willens nicht so gehandelt hat, wie ein solcher Wille gegebenen Falls der Regel nach handeln lässt.

Doch hier kommt es ja nur auf den Willen an, der sich in der Tatsache der Sachbenützung kundtut. Diese haben wir nun noch genauer ins Auge zu fassen.

Wenn das Wort Tatsache urgirt wird, so wird man diese zunächst nur in den einzelnen Akten geschehender Einwirkung, oder der geschehenden Lageveränderungen des Subjektes, welche nötig sind, um eine Lust von dem Dinge zu haben, finden können.

Die Einwirkung selbst braucht nicht immer eine wahrnehmbare Veränderung von Qualitäten, Lage, Grösse, Gestalt zu sein. Auch dass eine solche verhindert wird, nicht eintritt, ist Wirkung von etwas, und wenn der sei es dauernd, sei es während bestimmter Zeit unveränderte Bestand selbst Lustquelle, oder doch Bedingung von etwas anderem, welches Lust d. i. Nutzen gewährt, ist, so ist doch auch dieses ein Benützungsakt im Gegensatz zu allem andern, was sonst eben diese Zeit ausfüllen könnte und würde, und zu dem ganz anderen was ihm vorherging und nachfolgen wird. Während ich, ohne dass irgend eine wahrnehmbare Veränderung vor sich geht, mich in meiner Wohnung aufhalte, vielleicht still auf dem Sopha liege, geniesse ich unzweifelhaft einen Nutzen, welchen das Haus bis auf den letzten Stein des Fundamentes gewährt, benütze es, und — was ich gegenwärtig zu betonen habe — dieses gleichmässige Verharren meiner und meiner Umgebung in demselben Zustande ist ebenso positive Zeiterfüllung, wie das „Thun“, welches in einer Veränderung, einer Gliederbewegung besteht, nicht etwa blos Abwesenheit von Veränderung, nicht etwas blos Negatives. Ich glaube zu sehen, dass dieser Irrtum, welcher ein rein logischer ist und mit specifisch juristischen Kenntnissen und Gesichtspunkten gar nichts zu tun hat, bei manchen Diskussionen über die Schwierigkeiten der Besitzlehre eine grosse Rolle spielt, und verweise deshalb auf meine Erk. Log. S. 515 f.. Und ferner gehört doch das Verharren der gemeinten Dinge zu dem Zustande, in welchem ich mich befinde; kausale Zusammenhänge der verschiedensten Art verbinden alle diese Einzelheiten mit mir selbst. Deshalb besitze ich sie im Sinne des Habens, welcher, „Begriff des subj. Rechts S. 10—15“ auseinandergesetzt worden ist, welche Auseinandersetzung m. E. mehr Verwertung gestattet, als sie bisher gefunden hat. Und endlich hebt sich doch dieser verharrende Zustand von dem Vorhergehenden und Nachfolgenden ab und steht im Gegensatz zu diesem, wie zu allem andern, was statt seiner diese Zeit erfüllen könnte in demjenigen Verhältnisse zum Subjekte, welches Erk. Log. S. 510 f. als der Sinn der Verbalprädikation erwiesen worden ist.

Wir rechnen also auch die Lust aus der veränderungslosen Dauer eines Zustandes zu den Benützungen und fragen: ist diese rechtlich so bedeutsame Tatsache der Benützung immer nur in den Zeiten des wirklichen Genusses vorhanden? Ist diese Tatsache jedesmal nicht mehr vorhanden, wenn eine solche Veränderung zur Ruhe gekommen ist, eine Bewegung aufgehört hat, die Hand den Gegenstand auf einen Augenblick loslässt, jener Zustand einem andern Platz macht? Wirklich ist es so und muss es so sein, wenn man nicht, wie oben schon verlangt wurde, die Tatsache der Benützung vom Standpunkte des Interesses und Willens des Subjektes aus beurteilt. Eine Theorie des Besitzes ist ganz unmöglich, wenn man nicht das Verständniss menschlicher Zwecke und des aus Dingen zu ziehenden Nutzens voraussetzt, und danach die einzelnen unterscheidbaren, von Zwischenzeiten unterbrochenen Akte von Bewegungen und Einwirkungen als die zusammengehörigen Teile eines Ganzen ansieht. Demnach rechnen wir die Zeiten der selbstverständlichen Unterbrechung der Einwirkung und des direkten Genusses mit zu der geschehenen Benützung. Und von diesem Standpunkte aus müssen wir auch das Erforderniss der tatsächlichen Benützung für erfüllt ansehen, wenn die konstatirbaren Genüsse nur dann stattfinden, wenn das Ding nach seiner und nach des Menschen Natur wirklich Nutzen gewährt, und wenn das Bedürfniss nach solcher Sachbenützung nach der im Allgemeinen bekannten Menschennatur im Subjekte hervortreten kann. Weder aus dem Begriff des Besitzes, noch aus dem der Benützung, sondern nur aus dem Verständniss der Menschennatur der jedesmaligen Umstände und der Benützbarkeit der Dinge, lässt sich beurteilen, ob sich die Absicht eines Menschen nur auf den einmaligen Gebrauchsakt gerichtet hat und richten konnte, oder ob mit einer Handlung, einer Benützung eines Dinges der Wille auf fernere Benützung, so oft das Ding solchen Nutzen gewährt und nach der Menschennatur das Bedürfniss nach solchem Genuss eintritt, verbunden ist. Lässt dieser sich erkennen, so wird das oben entwickelte Princip des Besitzrechtes diesen Willen und dieses Interesse auch dann schützen lassen, wenn grade einzelne Benützungsakte nicht stattfinden. (Ueber die dauernde Existenz eines Willens cf. meine Grundzüge der Ethik S. 55 ff.) Der Mensch muss ruhen und schlafen und die Dinge gewähren nicht unaufhörlich gleichmässigen Nutzen, sondern je nach ihrer Natur zu bestimmter Zeit bei bestimmter Gelegenheit. Ob *saltus aestivi* in jemandes Benützung stehen, kann, wenn sie im Winter mit Schnee und Eis bedeckt sind, niemand beurteilen. Also aus der Kenntniss der Natur der Dinge und ihrer Benützbarkeit für Menschen geht das entscheidende Urteil hervor. Wer die Tatsächlichkeit, auf die es ankommen kann, von vornherein in diesem Sinne aufgefasst hat, soll bedenken, dass diese Auffassung nur möglich ist, wenn er Willen und Interesse des Menschen als das ausschlaggebende Moment voraussetzt.

Bei Haus und Hof, Feld und Garten wird die Tatsache der Benützung ausser Zweifel sein. Auch was jemand in seiner Machtsphäre mit eigenem Willen untergebracht hat und aufbewahrt, ohne irgend etwas nach anderer Leute Urteil Zweckentsprechendes damit vorzunehmen, wird unbedenklich als in seiner Benützung stehend gelten. Wer etwas aufbewahrt, nur um sich der Macht zu freuen, dass es ihm zur Verfügung steht, wer immer noch auf eine bessere Gelegenheit der Anwendung

wartet, wer es seinen Erben hinterlassen will, benützt es. Darin
kann keine Schwierigkeit stecken. Sind doch beide Kennzeichen,
welche gewöhnlich verlangt werden, der Benützungs-(Verfügungs)-
wille = Besitzwille und die tatsächliche Gewalt vorhanden.
Bedenken können erst entstehen, wenn nur eins von diesen Kriterien vorhanden zu sein, das andere zu fehlen scheint.

Ich lege nun alles Gewicht darauf, dass alle Schwierigkeiten verschwinden, wenn wir die in Obigem dargelegte principielle Auffassung der Sache konsequent durchführen, d. h. also,
wenn wir uns gegenwärtig halten, welche Rechtsfolgen die Rechtsordnung aus welchem Grunde schon an die blosse Tatsache
stattfindender Sachbenützung knüpfen muss, und speciell, wenn
wir festhalten, dass schon in der·Beurteilung „der Tatsache der
Benützung“ Interesse und Wille des Subjekts und die Natur der
benützbaren Sache für die von der Rechtsordnung zu treffenden
Entscheidungen den Ausschlag geben mussten.

Zur weiteren Erläuterung scheint mir am passendsten der
Satz zu dienen, den Ihering, Besitzwille S. 38, als ganz selbstverständlich beiläufig erwähnt, dass wir an denjenigen Sachen,
die ohne unser Wissen auf unser Grundstück geraten, keinen
Besitz erwerben.

Es versteht sich am Ende zu sehr von selbst, dass wir an
Dingen, über die wir keine Gewalt haben, und die zu benützen wir
auch nicht den Willen haben, weil wir ja gar nichts von ihnen
wissen, auch keinen Besitz erwerben.

Aber was bedeutet dann der Zusatz „auf unser Grundstück“? Wir wissen aus anderen Fällen, dass die Rechtsordnung
sich vorsorglich des Unwissenden annimmt, um ihm Genussrechte
zu schützen, die er sicher mit Freuden ausüben würde, wenn
nicht der tückische Zufall ihm die rechtzeitige Kenntniss der
für ihn günstigen Sachlage versagt hätte. Ist dies „auf unser
Grundstück geraten sein“ schon „die für uns günstige Sachlage“?
In wie fern „günstig“, was doch wol heisst „ein Genussrecht
verschaffend? Würde die rechtzeitige Kenntniss Besitz herstellen?

Handelt es sich um diejenigen Rechtsfolgen, welche grundsätzlich an die blosse Tatsache der Benützung geknüpft sind, so
ist ja eben auch grundsätzlich von jedem vorher schon bestehenden Recht des Benützenden abgesehn. Auch der Dieb und

Räuber hat — wenigstens nach obiger Theorie — das Recht der Selbsthülfe und Schutz gegen Eigenmacht. Diese Rechte gewinnen wir durch tapferes Zugreifen auch an Sachen, die nicht auf unser Grundstück geraten sind. Ist dieser Umstand gleichgültig, wenn unser Wissen und Handeln hinzutritt, so wird er ohne letzteres erst recht bedeutungslos sein.

Von dem Rechte, welches principiell an die Tatsache der Benützung geknüpft ist oder vom Erwerb dieses Rechts durch tatsächliche Benützung, kann selbstverständlich absolut keine Rede sein. Wenn also dieser Umstand doch von irgend welcher rechtlicher Bedeutung zu sein scheinen kann, wär's auch nur in so weit, dass die Frage, ob er uns auch nur einen Ansatz auf ein Recht gewährt, nicht von vornherein sinnlos erscheinen muss, so kann es sich nur um ein neues Princip handeln.

Wir kennen die Fürsorge der Rechtsordnung für denjenigen, der nur durch Irrtum und Unkenntniss verhindert wird, Rechte, welche ihm nach der Sachlage zustehen oder erwachsen würden, durch seinen Willen zu erwerben. So wie sie in den Zeiten tatsächlichen Nichtgebrauchs (s. oben) den Besitz schützt, so könnte sie ihn in dieser ihrer Fürsorge, in ihrem Verständniss der Interessen und des Willens des Subjekts vielleicht auch beginnen lassen, noch ehe der Benützungswille wegen mangelnder Kenntniss einsetzen kann.

Wir erheben also principiell die Frage: welche rechtliche Bedeutung kann der blosse Aufenthalt fremder Sachen auf unserem Grundstücke haben? Die berühmte „physische Gewalt" gibt er uns nicht.

In einem Falle ist er von Erheblichkeit. Ihering hat das grosse Verdienst (welches ich jedoch unten noch schmälern werde), darauf aufmerksam gemacht zu haben, dass die dem Zweck der wirtschaftlichen Verwendung entsprechende Lage den Ausschlag gibt. Es ist ein Unterschied, ob Dünger und Ackergeräte auf meinem Acker, ob Ziegeln und Bauhandwerkszeug auf meinem Bauplatz sich befinden oder ein Portemonnaie. Die rein physische Gewalt jedes andern über diese Dinge ist ebenso gross, als die des Grundstücksbesitzers. Aber jeder weiss, dass der Besitzer jene Dinge nicht anders unterbringen kann, und jeder entnimmt aus ihrer Lage, dass sie im Besitz des Grundstücks- oder Bauplatzbesitzers sind und wird darin Grund finden, sich

Aneignung zu enthalten. Aber die Bedeutung der Anwesenheit dieser Dinge auf unserm Grundstücke wäre nur die, dass sie jedem zu der Präsumtion Anlass gibt, dass wir den Besitz an ihnen haben, aber nicht den, dass sie (die Anwesenheit) selbst an sich schon ein Besitzrecht begründet, wenn sonst gar kein anderer Grund dazu vorhanden ist.

Denken wir andere Umstände von rechtlicher Relevanz hinzu, so wird deutlich hervortreten, worauf allein es ankommen kann. Wenn nicht die reine Tatsache der Benützung die bekannten Rechtsfolgen nach sich zieht, so kann es nur auf die „andern Umstände" ankommen. Wenn der Grundstücksbesitzer diese Dinge vorher beim Lieferanten bestellt hat, oder wenn der Lieferant ihm ein Geschenk damit machen wollte, so wird unser aller Rechtsgfühl die eigenmächtige Aneignung derselben von Seiten eines Dritten, noch ehe jener davon Kenntniss erlangt hat, ganz anders beurteilen, als wenn diese Dinge durch Irrtum oder irgend einen Zufall dorthin geraten wären und von irgend jemand vor Kenntnissnahme jenes wieder weggenommen würden.

In jenem Falle bedeutet die Anwesenheit auf unserm Grundstück, dass der Lieferant seinen Entäusserungswillen tatsächlich bekundet hat, sich zu unsern Gunsten seines Besitzes begeben hat. Dann fehlt zur Perfektion unseres Besitzes nur unser eigener Wille, und diese Sachlage ist für die Rechtsordnung Grund genug zu wollen, dass die Unkenntniss des Empfangsberechtigten ihm nicht zum Schaden gereiche. Wer ohne besseres Recht die Sachen an sich nimmt, wird von dem sie verlangenden Grundstücks- oder Bauplatzbesitzer, welcher sie bestellt hatte oder dem sie als Geschenk zugedacht waren, nicht den Beweis seines Eigentums verlangen können, er muss sie ihm ganz wie dem bisherigen Besitzer, wenn er nur (meinetwegen nicht „den Besitz", sondern nur) die eben genannte Sachlage und die Art, wie sie in den Genuss des Entziehers gekommen sind, beweist, herauszugeben verurteilt werden. Und wenn es zur Berechnung der Ersitzungszeit käme, müsste (auch abgesehen von meiner obigen Lehre über Ersitzung und Klageverjährung) unzweifelhaft die Zeit, während welcher diese Sachen auf dem Grundstück ohne Wissen des Besitzers gelegen haben, mit eingerechnet werden.

Hier sind objektive Umstände, welche für sich allein ausreichen, um auch ohne tatsächliche Bekundung eines Besitz- =
Benützungswillens die wesentlichen Rechtsfolgen des Besitzes
eintreten zu lassen. Die Erwerbsart, oder wenn von Erwerb
noch nicht die Rede sein könnte, die Art und der Grund des
Hingeratens auf ein Grundstück ist entscheidend. Wird von
diesem principiell abgesehn, so ist der Satz, dass wir an Sachen,
die ohne unser Wissen auf unser Grundstück geraten, keinen
Besitz erwerben, in dieser Allgemeinheit falsch. Vielleicht kann
sie der Lieferant resp. der Schenker, so lange wir noch keine
Kenntniss gewonnen haben, also auch noch keine Benützung an
den Tag haben legen können, sich wieder abholen ohne jemandes Besitz zu verletzen, jedenfalls hätten wir gegen jeden
andern das bessere Recht.

Wenn nun aber die fraglichen Sachen aus anderen Anlässen,
z. B. durch Irrtum, auf unser Grundstück geraten! Ich betone,
dass diese Frage: „aus welchem Anlass, aus welchem Grunde?"
absolut wesentlich ist, dass aus dem Begriffe „Besitz" absolut
nichts gefolgert werden kann, dass es also, wenn es noch andere
Sachbenützungsrechte, als die des vollkommenen beweisbaren
Eigentums und die an die blosse Tatsache der Benützung geknüpften geben soll, andere Principien eintreten müssen. Von
einer Deduktion aus dem Begriff Besitz kann keine Rede sein;
es kann nur von praktischen oder von rechtspolitischen Rücksichten, nur von unserm Rechtsgefühl abhängen, welche Folgen
wir der blossen Anwesenheit von Sachen auf unserem Grundstück
einräumen wollen, 1) welche Folgen gegenüber demjenigen, der
sie dahin gebracht hat, 2) welche gegenüber jedem andern.

ad 1. Gegen denjenigen, der sie aus Irrtum dahin gebracht,
oder in irgend welcher Verlegenheit dort niedergelegt hat und
wieder abzuholen kommt, haben wir gewiss kein besseres Recht.
Unsere Unkenntniss spielt dabei gar keine Rolle. Auch wenn
wir Kenntniss gewonnen und die Sache in Benützung genommen
haben, wird jener nicht sein Eigentum zu beweisen brauchen,
sondern nur seinen bisherigen Besitz und die Art, wie die Sachen
auf unser Grundstück geraten sind. Wir sind sie zurückzugeben
verpflichtet, ganz ebenso wie jede auf der Strasse gefundene
Sache, wenn der Verlierer sich meldet und als solchen erkennbar
macht. Dass wir sie auf unserm Grundstück gefunden haben,

kann uns unmöglich ein besseres Recht auf ihren Genuss geben, als ihr bisheriger Geniesser und Benützer gehabt hat.

ad 2. Gewinnen wir blos dadurch, dass eine Sache auf unser Grundstück geraten ist, noch ehe wir sie in Benützung genommen haben, ein Recht auf ihren Genuss, welches besser ist, als das jedes Dritten sc. jedes andern, der gar keins hat, und sich eben erst durch Zugreifen das an die blosse Tatsache der Benützung geknüpfte Recht verschaffen will oder eben verschafft hat? Vielleicht ist die Iheringsche Unterscheidung hier verwendbar. Wer eine Cigarrentasche zwar nahe am Rain oder an der Strasse, aber doch schon auf meinem Felde liegen sieht, kann das Recht des Finders zu erwerben und nur dem Verlierer, welcher ich nicht bin, restitutionspflichtig zu sein und, wenn er einen solchen nicht ausfindig machen kann, Ersitzungseigentum zu gewinnen meinen. Liegt aber Ackergerät an dieser Stelle, so wird diese Meinung nicht aufkommen können.

Letzteres ist gewiss richtig, gibt aber nicht die principielle Entscheidung. Denn es ist sehr gut denkbar, dass jemand, z. B. mein Arbeiter oder mein Nachbar weiss, dass die auf mein Grundstück geratenen Sachen nicht mein sind, und sie zu seinem Gebrauche mit sich nimmt, oder ebenso, dass jemand gesehen hat, wie ein fremder Mann diese Dinge auf mein Grundstück gelegt hat. Warum soll er mir gegenüber an diesen Dingen weniger oder schlechteres Recht haben als an der Cigarrentasche? Blos weil diese Dinge schon da liegen, wo ich sie verwenden können würde? Es ist nicht abzusehen. Nur das geht aus dieser Unterscheidung hervor: wer tapfer zugreift, kann riskiren, als Dieb verklagt zu werden, und ist nur in den genannten Ausnahmefällen davor sicher; wer aber die Cigarrentasche sich aneignet, wird als Finder gelten können, und nur in den Ausnahmefällen als unredlicher Erwerber, wenn er, vielleicht mein Diener, sie als die meinige kennen musste, oder wenn er gesehen hat, wie sie mir aus der Rocktasche gefallen ist. Doch wir handeln ja von dem Falle, dass die Sachen vorausgesetztermassen nicht schon in unserm Besitze waren, und fragen: knüpft sich an ihre blosse Anwesenheit auf unserm Grundstücke, noch ehe wir sie in Benützung genommen haben, irgend ein Verhältniss rechtlicher Art?

Ich wiederhole die Behauptung, dass die Frage sich durchaus nicht aus irgend einem Begriffe beantworten lässt, und zwar behaupte ich dies nicht aus Feindschaft gegen Begriffe, sondern eben aus meiner Kenntniss derselben, speciell meiner Bemühung, die einschlägigen sachenrechtlichen Begriffe zu möglichster Klarheit zu bringen.

Es kann nur von dem ursprünglichen Volkscharakter und tausend allmälig gewordenen Lebens- und Verkehrsverhältnissen abhangen, ob eine rechtliche Regulirung der Sachbenützungen weiter oder weniger weit gehen soll, ob sie, behufs grundsätzlicher Vermeidung von Streit und Kampf mehr oder weniger willkürliche Bestimmungen treffen soll. Dass die blosse Anwesenheit eines Dinges auf meinem Grundstücke an sich und aus sich selbst mir noch kein Recht auf ausschliesslichen Genuss desselben geben kann, wenn nämlich gar keine anderen Gesichtspunkte konkurriren, scheint mir recht klar. Aber zur Erläuterung resp. richtigen Würdigung dieser Klarheit, die ja schon vielen eingeleuchtet hat, sei erwähnt, dass wir ja überhaupt gar kein sachliches Princip für die Regulirung der Sachbenützungen finden konnten, dass eine ursprüngliche Verteilung nach persönlicher Würdigkeit und Bedürftigkeit Fiktion ist, und dass das Besitzrecht eben die Folge dieses Mangels ist. Konnten wir uns mit dem Princip befreunden, dass jeder das Recht haben solle, dasjenige weiter zu geniessen, was er schon tatsächlich geniesst (nur eben mit den im vorigen Kapitel ausgeführten Einschränkungen), so wird es auch keinen principiellen Anstoss erregen können, wenn dieser Regulirungswille zu seinem Zwecke die weitere gleichfalls willkürliche d. h. nicht aus einem Rechtsbegriffe hervorgehende Bestimmung träfe, dass jeder Besitzer eines Grundstückes in Ansehung der auf dasselbe geratenen Dinge zwar das schlechtere Recht gegen den bisherigen Besitzer derselben, aber ein besseres gegen jeden Dritten haben solle. Ich kann also zwar sehr wohl die Bestimmung verstehen, dass der Besitzer des Grundstückes, auf welches Dinge ohne sein Wissen geraten sind, ehe er sie tatsächlich in Benützung genommen hat, kein besseres Recht auf ihren Genuss hat, als jeder Dritte, so dass er, wenn er nachträglich erfährt, dass die und die Dinge eine Zeit lang auf seinem Grundstücke gelegen haben und dann von dem und dem weggenommen worden seien, gar keinen Anspruch auf Rückgabe gegen diesen hat. Aber es lässt sich ebenso verstehen, ist juristisch durchaus ebenso möglich, dass die Rechtsordnung, um Kampf und Streit möglichst einzuschränken, bestimmte, dass jeder Grundstücksbesitzer der berufene Aufbewahrer event. Benützer und Ersitzer der Dinge sei, die auf sein Grundstück geraten, dass jeder der Aneignung der Dinge auf fremdem Grundstücke sich enthalten solle, event. — wenn er auch strafrechtlich nicht als Dieb zu behandeln wäre — verpflichtet sei, die Sachen dahin zurückzubringen, von wo er sie eigenmächtig weggenommen hat. Für eine solche Bestimmung würde schon dies sprechen, dass der Verlierer sich vielleicht erinnert, wo er die Sache verloren hat, und sich freuen würde, sie von dem Besitzer des Grundstückes aufbewahrt, oder sie noch auf dem Grundstück liegen zu sehen, dass jeder der aus Irrtum oder in irgend einer Verlegenheit die Sache dort niedergelegt hat, sie dort wieder zu finden hofft. Dann wäre es verständlich, dass der Grundstücksbesitzer, wenn er nachträglich erfährt, dass die und die Sache eine Zeit lang auf seinem Grundstück gelegen habe, und dass — nicht ihr bisheriger Besitzer — sondern ein anderer sie sich eingenmächtig angeeignet hat, auf Rückgabe derselben klagen könnte, um sie entweder dem bisherigen Berechtigten, wenn er sich meldet resp. ausfindig zu machen ist, zurückzugeben, oder sie selbst zu geniessen und das Eigentum an ihnen zu ersitzen, in welchem letzterem Falle auch die Zeit der Anwesenheit der Dinge auf dem Grundstücke des Besitzers ohne seine Kenntniss in die Ersitzungszeit einzurechnen wäre.

Ich gewärtige den Einwand, hieraus folge, dass der Finder einer Sache im Walde dieselbe dem Besitzer des Waldes zu überantworten habe, damit dieser sie dem Verlierer wiedergebe, im Falle letzterer nicht ausfindig zu machen ist, Ersitzungseigentum an ihr gewinne, und das sei doch ganz unsinnig, jedenfalls unserem Gerechtigkeitsgefühl widersprechend. Mancher wird die Sache lieber im Walde liegen und dort verderben lassen, als dass er sich erst die Mühe macht, sie dem Besitzer zu dessen unverdientem Nutzen zu überbringen. Allein einmal wäre ja nicht ausgeschlossen, dass der Finder den Finderlohn von dem Besitzer, dem er die Sache bringt, beanspruchen könnte. Und zum andern muss ich darauf aufmerksam machen, dass diese Folgerung deshalb nicht zwingend ist, weil auch das Recht

des Grundstücksbesitzers eben als positive Satzung, hervorgehend
aus dem Bestreben möglichst viel zu ordnen um Streit und
Kampf auszuschliessen, charakterisirt wurde, nicht als Folgerung
aus einem Begriff des Besitzes oder sonst irgend einem. Demnach könnte auch nichts im Wege stehen, wiederum aus praktischen Gründen bestimmte Ausnahmen zu statuiren. Diese
Gründe lägen auf der Hand. Eben dies könnte entscheidend
sein, dass die Dinge auf dem offnen Felde der Wahrnehmung
des Besitzers oder dessen Beauftragten auf die Dauer nicht
gut entgehen können, während dies bei den im Walde verlorenen
Dingen sehr gut möglich ist. Letztere könnten wirklich dauernd
verborgen bleiben und somit ihrer natürlichen Bestimmung,
Menschen zu dienen und zu nützen, entzogen werden, und deshalb wäre es völlig gerechtfertigt, — keine Inkonsequenz, —
den Finder solcher Dinge, wenn der Verlierer nicht ausfindig
zu machen ist, Ersitzungseigentum an ihnen gewinnen zu lassen.

Wenn nun Dinge ohne unser Wissen in unser Haus, auf
unsern umschlossenen Hof geraten, so ist zunächst über unsere
Pflicht sie zu restituiren kein Wort mehr zu verlieren, wie auch
darüber, dass, wenn ein Berechtigter sich nicht meldet oder
nicht ausfindig zu machen ist, auch die Zeit unserer Unkenntniss in die Ersitzungszeit einzurechnen ist. Aber unser besseres
Recht gegen jeden andern kann noch eines Wortes bedürfen.
Konnte es im vorigen Falle zweifelhaft sein, so wird es in
diesem kaum bezweifelt werden, und eben dies scheint mir
äusserst belehrend. Warum bezweifelt man es in diesem letzteren
Falle nicht? Man überlege doch genau: welches rechtliche
Moment liegt denn in den Umschliessungsmauern des Hauses und
Hofes? Vielleicht meint jemand, dies, dass niemand wähnen kann,
in diesem Raum einen „Fund" zu machen. Aber warum dies
nicht? Doch nur weil die Präsumtion gilt, dass alles, was
innerhalb dieser Umfassungsmauern sich befindet, nicht besitzer-
los, sondern im Besitze des Haus- und Hofbesitzers ist. Und
abermals: warum gilt diese Präsumtion? Was tun die Mauern
dazu? Beweisen sie etwa, dass niemand irrtümlich eine Sache
dorthin gebracht, dass niemand eine dort versteckt, dort niedergelegt haben könne, (etwa in der Absicht sie nachher wieder
abzuholen), oder dass niemand in diesen Räumen etwas verloren
haben könne? Gewiss nicht. Und wenn jemand wüsste, dass

dergleichen geschehen ist und nähme es heimlich weg um es sich selbst anzueignen (nicht etwa, um es dem bisherigen Besitzer, dem auch wir restitutionspflichtig wären, zu überbringen) hätten wir nicht als Besitzer des Hauses und Hofes ihm gegenüber das bessere Recht? Wenn wir nachträglich diesen Sachverhalt erfahren, müssten wir den Entzieher auf Rückgabe an uns verklagen können, müsste die Rechtsordnung von ihm verlangen, dass er das Ding dahin restituire, von wo er es eigenmächtig genommen hat, schon blos um dem irrtümlichen Ueberbringer, dem Verlierer und Verstecker die Rückgewinnung ihres Besitzes von uns zu ermöglichen.

Dieses Recht des Haus- und Hofbesitzers ist nicht das, welches an die Tatsache der Benützung geknüpft ist. Die Rechtsordnung fingirt nicht, dass eine solche Tatsache vorläge. Aber es stimmt doch mit dem Recht des Besitzes inhaltlich überein und kann ja deshalb auch Besitz genannt werden. Da es dies aber nach der Definition des Besitzes nicht sein kann, so schien es ein Nest unlösbarer Schwierigkeiten zu sein. Diese sind gelöst, wenn wir zugeben, dass aus demselben Grundwillen, dass die Sachbenützungen durchaus geregelt und geordnet seien, aus welchem das Institut des Eigentums und des Besitzes d. h. des an die Tatsache der Benützung geknüpften Rechtes hervorging, auch die Satzung hervorgehen kann (zwecks weiterer Einschränkung des Kampfes um den Genuss der Dinge), dass das Ding, welches sich innerhalb des von jemand besessenen Raumes befindet, dem Besitzer des Raumes mit Vorbehalt zu Gunsten des Besserberechtigten zur Verfügung stehen solle. Den erforderlichen subjektiven Willen, solange er nur aus Unkenntnis der Sachlage fehlt, kann die Rechtsordnung voraussetzen. Dies ist keine Fiktion. Statt „Voraussetzung" sagen wir vielleicht besser Fürsorge der Rechtsordnung für denjenigen, der den nötigen Willen haben würde oder gehabt hätte, wenn er Kenntnis gehabt hätte. Sie reservirt ihm das von der Rechtsregel für ihn bestimmte Gut, da ja sein etwaiges Nichtwollen, wenn er Kenntniss erlangt haben wird, immer noch zu recht kommt. Es kommt nur darauf an, ob sie Grund zu solcher Fürsorge hat. Ich meine, sie hat so viel Grund dazu, wie zum Schutze des Abwesenden, Kranken, Unmündigen, über welchen ich im „Begr. d. subj. Rechts" S. 295 ff. gehandelt habe.

Man könnte sagen: die Rechtsordnung findet Grund, so lange als die Unkenntniss oder der Irrtum nach Lage der Dinge andauern muss, von dem Erforderniss des subjektiven Willens abzusehen. Dann ist es also keine Absurdität, dass der Besitzer des Grundstücks, des eingezäunten Hofes und des Hauses, in den oben erörterten Einschränkungen auch an Sachen, die ohne sein Wissen in diese Räume gelangen, „Besitz" erwirbt. Wer sich an die Frage hält, ob er Besitzer im engeren Sinne ist oder nicht, wird mir selbstverständlich nicht beistimmen, aber er hat mich auch nicht verstanden.

Wir handeln von der Rechtsregel, dass jeder, der sich eine Sache, welche sich auf fremdem Grundstück, erst recht in einem fremden Hause resp. fremder Wohnung befindet, eigenmächtig aneignet, gegenüber dem Besitzer des Grundstückes, des Hauses, der Wohnung, der Schlechterberechtigte ist, (gleichviel ob dieser von dem Aufenthalt Kenntniss gewonnen hat oder nicht), dass aber das bessere Recht gegenüber dem Recht, welches auf dem blossen Aufenthalt der Sache in den gedachten Räumen beruht, schon durch die bisherige Benützung und die Art, wie die Dinge auf jenes Grundstück oder in jene Wohnung geraten sind, bewiesen wird. Und wir handeln ferner von der Fürsorge der Rechtsordnung für denjenigen, welcher durch Abwesenheit oder sonst erklärliche Unkenntniss einen Aneignungs- und Benützungswillen zu produciren und an den Tag zu legen, ausser Stande ist. Für jene Rechtsregel spräche schon dies, dass wir, was Ihering selbst in überzeugendster Weise ausgeführt hat, zuweilen in unsern Räumen Dinge finden, auf deren rechtlichen Erwerb wir uns nicht erinnern können, und die wir überhaupt ganz vergessen hatten. Wenn das Nichtwissen Besitz (sc. die gemeinten Rechte) absolut unmöglich macht, so muss es ihn auch aufheben, wenn nicht die Rechtsordnung selbst aus eigner Allwissenheit unsern einstigen Erwerb kennt, oder wenn nicht Zeugen ihn bekunden. Wenn letzteres aber nicht der Fall ist und wenn doch feststellbar ist, dass jemand eine solche Sache aus unsern Räumen entfernt und sich angeeignet hat, sollten wir dann wirklich nicht ihre Herausgabe verlangen können? Oder gar, wenn wir selbst, nachdem die eigenmächtige Aneignung stattgefunden hat, durch irgend welche Umstände uns daran wieder erinnern, dass wir diese Sache einst schon einmal in Benützung gehabt, dann aber vollständig aus dem Sinne verloren haben, sollte sie wirklich in dieser Zeit der Vergessenheit eine besitzerlose gewesen sein?

Oder sollte das Nichtwissen nur dann den Besitz nicht unmöglich machen resp. aufheben, wenn es sich um Dinge in den umschlossenen Räumen des Hauses handelt? Woher diese Ausnahme? Wir fragten oben schon, von welcher rechtlichen Bedeutung Zaun und Mauern sein könnten. Von tatsächlicher Gewalt kann doch eigentlich keine Rede sein, wenn wir von dem Dinge nichts wissen. Und auch wenn wir von ihm wissen, so hat sie der geübte Einbrecher in höherem Grade, als wir, trotz unseres Schlüsselbundes. Zaun und Mauern schützen nur vor gelegentlichem Zugreifen, im Uebrigen sagen sie, dass alles von ihnen Umschlossene nach dem Willen des Besitzers der Räume dem Genusse jedes andern entzogen sein soll. Dass sie dies bezeugen, wäre die Hauptsache. Aber wenn doch principiell das Nichtwissen von Seiten des Besitzers der Räume sein Besitzrecht ausschlösse, so könnten auch Zaun und Mauern trotz dessen, was sie zu sagen scheinen, keine Ausnahme begründen. Aber die Fürsorge der Rechtsordnung wird auch den Vergesslichen schützen.

Diese Rechtsregel bewährte sich ja auch, wovon oben schon, in dem Falle, wenn Dinge, die wir bestellt haben, ohne unser Wissen — vielleicht wurden sie viel eher geliefert, als wir erwarteten, vielleicht hatten wir plötzlich verreisen müssen — auf unser Grundstück, unsern Hof, in unser Haus geraten, und ferner in dem, wenn der Bringer oder Sender ein Geschenk an uns beabsichtigt, wenn er etwa die Sache uns in unserer Abwesenheit durch das offene Fenster einwirft. (Bekker l. l. S. 183 f.). Sollte wirklich dies der Wille der Rechtsordnung sein, dass so lange wir in Folge mangelnder Kenntniss Besitz an dem Dinge noch nicht ergriffen haben, jeder Beliebige die Sache an sich nehmen könnte, ohne irgend jemandes Besitz zu stören? Oder wäre zu fingiren, dass sie so lange noch im Besitz des Lieferanten, Absenders, Schenkers wäre? Schwerlich. Die Rechtsordnung wird den Destinatär gegen jeden Dritten schützen, sein Interesse kennend und seinen demselben entsprechenden Willen voraussetzend.

Wer in der Zeit seines Nichtwissens sich der Sache bemächtigt, wird zur Herausgabe an ihn verpflichtet sein, blos auf Grund der genannten Tatsachen; der Lieferant, Absender aber wird als bisheriger Besitzer zur Rücknahme berechtigt sein, wenn die Art, wie die Dinge in die Räume jenes anderen gelangt sind, ihn dazu berechtigt erscheinen lässt, wenn er sich in der gelieferten Sache oder in dem Destinatär oder in der Wohnung desselben geirrt hat. Der Rechtswille bejaht den Parteiwillen und schützt demgemäss nur Interesse und vorauszusetzenden Willen des wirklichen Destinatärs.

In dem Falle, dass herrenlose Tiere sich in meinem Garten fangen, und erst recht, wenn sie sich in den von mir gelegten Fallen fangen, wird diese Rechtsregel und die Fürsorge der Rechtsordnung für den durch Unkenntniss an der tatsächlichen Benützung Behinderten keiner neuen Ausführung und Begründung bedürfen.

Also dass Interesse und Wille allein nicht genügen, da ja unzählige am Genuss derselben Sache Interesse haben und es an dem nützlichen Willen nicht fehlen lassen würden, ist gewiss klar. Die Rechtsregel entscheidet freilich, sie setzt bestimmte objektive Umstände und Merkmale fest, aber sie selbst verlangt zugleich den Willen des Subjektos, und findet nur in manchen Fällen Grund zu der Fürsorge, in Voraussetzung dieses Willens dem Subjekte so lange die Rechtsfolgen des Besitzes zu sichern, bis es in der Lage sein wird, sich zu entscheiden*), wie sie ja

---

*) Bekkers „Zur Reform des Besitzrechtes" habe ich erst gelesen, als der obige Text fertiggestellt war. So viel ich sehen kann, stimmen wir in den Endergebnissen (ebenda S. 76 ff.) überein. Die Bedeutung „des Gewahrsams" kommt bei mir zur vollen Geltung; auch dass Besitzerwerb ohne Kenntniss der Sache möglich sein muss, hat sich oben ergeben. Kann die Fürsorge der Rechtsordnung sogar den subjektiven Willen, welcher wegen mangelnder Kenntniss der Sache fehlt, ersetzen, so versteht sich erst recht von selbst, dass der Mangel der spezielleren Kenntniss der Sache, etwa der Teile und Bestandteile eines Ganzen, der einzelnen Steine, aus welchen mein Haus besteht, des Inhaltes einer verschlossenen mir übersandten Kiste, wenn ich doch das Ganze in Benützung und der dazu gehörigen Gewalt habe resp. in solche zu nehmen willens und in der Lage bin, dem Besitzerwerb nicht im Wege stehen kann. Und wenn sich in der Kiste ein Packet findet, welches wie etwa ein beigeschlossener Brief oder die Aufschrift ergibt, von dem Uebersender für einen andern bestimmt ist, so versteht sich gleichfalls aus allen meinen Voraussetzungen, dass dieser gegen mich der Besserberechtigte ist, ich es aber, ehe ich das Packet übergeben habe, gegen jeden andern bin.

auch Veranlassung findet, der Unkenntniss des Subjekts über die es verpflichtenden oder berechtigenden Umstände keine Wirkung beizumessen.

Der *über bona fide serviens,* welcher eine Sache kauft, Ihering Besitzwille 343, gewinnt Besitz; wenn ein Haussohn, der keine Kunde von dem Tode seines Vaters erhalten hat, eine Sache kauft, ibid. 344, so gewinnt er Besitz, weil es für selbstverständlich gilt, jedenfalls ohne Schaden vorausgesetzt werden kann, dass er bei rechtzeitiger Kenntniss auch rechtzeitig den Willen zu besitzen gehabt haben würde; und ebenso der Eigentümer, der unwissentlich die eigne Sache pachtet, während der Erbe des Pächters, der den Erblasser für Eigentümer hielt, trotz des besten Besitzwillens nur Detention erhält. Die Selbstverständlichkeit des Willens bringt doch Ihering auch selbst in Anschlag, wenn er ibid. S. 69 f. sagt: „es wäre sinnlos gewesen, vom *suus* einen besonderen Akt der Apprehension zu verlangen, um das zu konstatiren, was sich von selber verstand, dass er fortan statt zu detiniren besitzen wolle." Es ist „vollkommen gleichgültig, ob der Finder eines Schatzes weiss, dass der Schatz ihm zufällt," ebenda S. 291. Es ist ja auch gleichgültig, ob das Kind weiss, dass das Vermögen seines verstorbenen Vaters durch Erbgang sein Eigentum ist; es ist auch gleichgültig, ob jemand in seiner Dummheit nicht weiss, dass er sich durch ein gegebenes Zahlungsversprechen bindet.

„Ist der Tradent in Wirklichkeit Eigentümer, während der Empfänger das Gegenteil annimmt, so erwirbt letzterer gleichwöl Eigentum, ist derjenige, welcher eine Verpflichtung übernimmt, in Wirklichkeit handlungsfähig, während er sich fälschlich für handlungsunfähig hält, so wird er verpflichtet" ibid. 291. ist wesentlich derselben Art.

So weit ich den subjektiven Willen zum wesentlichen Requisit gemacht habe, muss es Ihering auch tun. Denn, wenn er, Besitzwille S. 25, sagt: „auf dem Interesse beruht der Rechtsschutz" und 24 „das Interesse hat zum Zweck die Befriedigung irgend eines Bedürfnisses", „das Besitzverhältniss ist Konstatirung des Interesses der Person an der Sache" „das Motiv, welches den Willen in Bewegung setzt, ist das Interesse" so ist selbstverständlich mit dem Interesse immer zugleich der Wille gesetzt, die gefühlten Bedürfnisse zu befriedigen, und — **ganz in**

meinem Sinne — nicht in bekannter Flachheit der aktuelle
Wille des Augenblicks, sondern der Wille, welcher als dauernder
angesehen werden muss, weil er bei gegebener Gelegenheit ganz
sicher im Bewusstsein auftreten und das Handeln lenken wird,
und welcher, was aus demselben Gedanken folgt, auch dann als
der zu respektirende Faktor angesehen werden muss, wenn blos
Irrtum und Unkenntniss sein Hervortreten verhindert haben.

Ihering lässt an Stelle der bisherigen Kriterien, Wille und
tatsächliche Gewalt, „das wirtschaftliche Bestimmungsverhältniss" treten. Besitzwille 483. Ibid. S. 489 „ist der Gesichtspunkt derjenigen äusseren Gestaltung des Verhältnisses der
Person zur Sache, welche durch den Zweck der wirtschaftlichen
Verwendung bedingt wird, der allein zutreffende," und S. 481
ist „Besitz das tatsächliche Verhältniss der Person zur Sache,
welches durch den Zweck ihrer wirtschaftlichen Verwendung
geboten ist." Das kann man alles materiell zugeben, und doch
bestreiten, dass damit wissenschaftlich etwas Neues und Wich-
tiges geleistet wäre.

Der Wille und die tatsächliche Gewalt stecken doch wieder
darin. Oder treten der „Zweck der wirtschaftlichen Verwendung"
und „das wirtschaftliche Bestimmungsverhältniss" vielleicht wie
Produkte der äusseren Natur auf, wie Bäume und Sträucher?
Oder hat die Natur dem Dinge den Zweck gegeben, den Bedürfnissen grade dieses oder jenes Menschenkindes zu dienen?
Das meint Ihering gewiss nicht. Aber dann ist doch sonnenklar, dass Bestimmung und Zweck Menschenwille sind. Das
Wort „wirtschaftlich" ändert daran gar nichts; es hat nur den
einen, allerdings grossen Wert, uns leichter bestimmen zu lassen,
wann der Benützungswille und die Tatsache der Benützung anzunehmen sind. Also nicht beliebiger Angabe eines Subjektes
über die Launen, denen ein Ding diene, und über die eben deshalb noch tatsächlich stattfindende Benützung, dürfen wir Glauben
schenken, um den Besitzschutz für ihn zu verlangen. Wenn der
Mann, dem seine Steine in den Tiber gefallen sind, angeben
wollte, er wolle, dass die Steine zur Annehmlichkeit gewisser
Flusstiere dort so lägen und so benütze er sie tatsächlich, da
sie ja diesem seinem Interesse dienen, so würden wir ihm deshalb nicht das bessere Recht des bisherigen Benützers zuer-
kennen. Also aus der Natur des Menschen und allen vorhandenen

Umständen wird eine Art normaler Benützung gedacht als diejenige, welche uns bei der Annahme leiten muss, ob Interesse, ob subjektiver Wille, ob die Tatsache der Benützung vorhanden sind. Wir werden also auf den annähernd allgemeinen Gebrauch verwiesen, den die Menschen gegenwärtig von solchen Dingen machen können. Wer seine Cigarrentasche im Walde liegen lässt, kann uns keinen absonderlichen Zweck, vielleicht dass die Rehe sich darüber wundern sollen, vorspiegeln, um zu erweisen, dass er tatsächlich noch Benützer=Besitzer wäre; eine solche wirtschaftliche Verwendung der Cigarrentasche wird nicht als noch stattfindende tatsächliche Benützung anerkannt, wol aber ist es solche, wenn die Holzfäller die Scheite an Ort und Stelle liegen lassen, bis sie abgefahren werden oder um andern Tages mit ihrer Arbeit fortzufahren. Also wir acceptiren dankbarlichst die Bestimmung „wirtschaftliche Verwendung", aber sie macht die Erfordernisse des Willens und der tatsächlichen Benützung nicht principiell entbehrlich, sondern schliesst sie ein. Ihering setzt an Stelle der tatsächlichen Gewalt dasjenige objektive Verhältniss (Ortsverhältniss, Lage), von welchem die wirtschaftliche Verwendung d. i. die (auf Respektirung Anspruch machen könnende) Benützung tatsächlich abhängt. Aber das dem Zweck der wirtschaftlichen Verwendung entsprechende Verhältniss der Sache zur Person ist, sobald nur ein äusserlicher Zufall ein solches „Raumverhältniss" geschaffen hat, auch nach Ihering nicht Besitz. Im andern Falle aber ist es blos der Benützungswille, welcher das Ding in dasjenige Verhältniss zur Person bringen lässt, in welchem es benützbar resp. am besten benützbar ist, und in dieser Benützbarkeit liegt auch immer ein Stück tatsächlicher Gewalt.

„Tatsächliche Gewalt" und gar „physische Gewalt" sind Bestimmungen, welche wörtlich genommen allerdings unbrauchbar sind, aber es kommt doch darauf an, wie sie verstanden werden können. Fragen wir: was kann man denn überhaupt unter tatsächlicher Gewalt denken? Etwa nur, dass man mit einem Dinge beliebig machen könne, was man wolle? oder dass man es beliebig aus einer Tasche in die andere stecken könne? Das können Ihering's Gegner nicht gemeint haben. Sie hätten untermenschlich dumm sein müssen, um zu glauben, mit diesem Kennzeichen auskommen zu können.

Lässt es Ihering bei Anwendung seines Kriteriums auch principiell auf die Natur der Sache ankommen, deren wirtschaftliche Verwendung je nach dem Bedürfnisse der Zeit oder des Ortes und nach der ganzen Menschennatur zu beurteilen ist, so muss er dieses Recht den Gegnern auch zugestehen, dass sie es aus der Natur der Sache und ihrer Verwendbarkeit verstanden wissen wollen, welche Art von tatsächlicher Gewalt bei ihr möglich ist, von welcher ihre wirkliche Benützung abhängt. Sie ist eine andere bei den Haustieren, eine andere bei den Bäumen und den Feldfrüchten, eine andere bei den Sklaven, eine andere bei dem Wohnhause, eine andere bei dem Taschenmesser und den Kleidern.

Das gemeinte Benützungsrecht hängt also immer von derjenigen tatsächlichen Gewalt über das Ding ab, welche erforderlich ist, um es zu benützen, oder welche zum Zweck seiner wirtschaftlichen Verwendung erforderlich ist. Und jede Verwendung des Dinges zeigt irgend eine Art von Gewalt über oder von Einwirkung auf dasselbe an. Dass es immer die sein müsste, das Ding aus einer Tasche in die andere zu stecken, wird kaum jemand behaupten. Also die Natur des Dinges und seine mögliche „wirtschaftliche Verwendbarkeit" zeigt an, was jedesmal unter dem Erforderniss der tatsächlichen Gewalt zu verstehen ist. Es ist ein mir unverständlicher Irrtum, wenn Ihering meint, dass man über die auf seinem Bauplatz abgeladenen Ziegeln keine tatsächliche Gewalt habe. Man hat doch grade die, die man braucht. Wenn die Ziegeln eine Stunde vom Bauplatze entfernt auf der Ziegelei stehen, kann man sie eben wegen der Entfernung nicht zum Bau verwenden. Oder sollte ich wirklich die Entgegnung gewärtigen, dass die Arbeiter ja immer bis dahin gehen könnten, um einen Arm voll Ziegeln zu holen, dass also die von mir gemeinte tatsächliche Gewalt in diesem Falle auch vorhanden wäre?! Oder meint man vielleicht gar, tatsächliche Gewalt sei nur dann vorhanden, wenn man die tatsächliche Benützung jedes andern zu verhindern in der Lage sei? Solche tatsächliche Gewalt ist eigentlich nie vorhanden. Wer kann sich gegen den schlauen und tollkühnen Einbrecher schützen? Davon kann also keine Rede sein. In vielen Fällen mag die Möglichkeit, fremde Benützungen auszuschliessen eine grössere sein, als in andern, absolut ist sie niemals.

Demnach kann es sich nur um die Schwierigkeit des Falles
handeln, wenn trotz Mangels derjenigen tatsächlichen Gewalt,
welche zur Benützung erforderlich ist, das als Besitz bezeichnete Recht gewährt wird.

Erinnern wir uns des Princips: wer ein Ding tatsächlich
benützt, soll unter Vorbehalt für den Besserberechtigten in der
Benützung desselben geschützt sein. Und er wird nicht nur
gegen den Störer seiner geschehenden Benützung geschützt,
sondern auch gegen denjenigen, welcher seinen künftigen Benützungen zuvorkommt, dieselben irgendwie beeinträchtigt oder
unmöglich macht. Die Sache ist durch die stattgefundene Benützungshandlung (mit dem bekannten Vorbehalt) zum Genuss
jenes einen bestimmt, so lange bis ein Dereliktionswille desselben erkennbar ist.

Aus der Natur und Verwendbarkeit der Sache und aus der
Natur der menschlichen Bedürfnisse wird sich mit Selbstverständlichkeit ergeben, in wieviel tausend Fällen trotz tatsächlich
nicht stattfindender Benützung einen Dereliktionswillen anzunehmen unmöglich ist.

Wenn der Nordpolfahrer (Bekker, das Recht des Besitzes
b. d. R. S. 387) seine Sachen in Sachsen zurückgelassen hat, so
hat er tatsächliche Gewalt über dieselben nicht. Aber schliesslich
kommt es doch auf die Länge der Abwesenheit und die Grösse der
Entfernung principiell nicht an. So wie (oben) der unbezweifelbare
Wille, die Benützung der Sache, sobald Bedürfniss und Gelegenheit wieder eintritt, fortzusetzen, für die Rechtsordnung Grund
genug war, den tatsächlichen Benützer auch in der Zwischen-
zeit, in welcher er weder benützen will noch kann, weil er ruhen
oder schlafen oder andere dringendere Geschäfte vornehmen will
und muss, zu schützen, so hat sie auch Grund genug, noch genau
denselben Grund ihn zu schützen, wenn er um irgend welcher
Zwecke willen auf kürzere oder längere Zeit seinen Wohnort
verlässt und damit die tatsächliche Gewalt über seine daselbst
befindlichen Sachen verliert. Sobald wir unsere Wohnung, wär's
auch nur auf eine Stunde, verlassen, haben wir in dieser Stunde
keine tatsächliche Gewalt über die Sachen in der Wohnung, es sei
denn, dass der Türschlüssel in unserer Tasche dafür gilt, und
ganz ebenso, wenn wir eine Reise auf 4 Wochen machen, und
wenn wir uns jahrelang auf eine Nordpolexpedition begeben.

Im letzteren Falle könnte nur etwa, je länger die Abwesenheit dauert und die Unmöglichkeit den jeweiligen Aufenthalt des Reisenden zu kennen, die Ungewissheit seiner Wiederkehr in Frage kommen. Aber das wäre ein ganz neues Moment, von dem nicht die Rede war, und welches hier gar nicht erwogen zu werden braucht.

Wir deduciren also nicht aus einem Begriffe des Besitzes, sondern finden das Motiv für den Gesetzgeber und zwar im Einklang mit seinen oft genannten Grundprincipen, zu wollen, dass der wiederkehrende Nordpolfahrer nicht sein Eigentum, sondern nur den Besitz bis zu seiner Abreise nachzuweisen braucht, um die Verurteilung des eigenmächtigen Okkupanten zur Herausgabe zu erwirken, und dass auch seine Ersitzung durch die Zeit seiner Abwesenheit, in welcher er keine tatsächliche Gewalt über die Sachen hatte, vielmehr ein anderer dieselben eigenmächtig benützt hat, nicht unterbrochen wird.

Auch wer seine Sache verlegt hat, hat gewiss keine tatsächliche Gewalt über sie. Dass er noch das Besitzrecht an ihr habe, wird also auch nicht auf Grund der überlieferten Kriterien, nicht auf Grund tatsächlich stattfindender Benützung behauptet werden können. Aber auf's Neue muss ich betonen: heisst Besitzrecht nur dass jemand ein Ding zu benützen das Recht hat, so lange er es tatsächlich benützt, so lange er es wirklich unter den Händen hat, so wäre das ein recht dürftiges Recht, so gut wie gar keines, ein Recht, welches niemand braucht. Wir glaubten aber oben schon feststellen zu können, dass es sich selbstverständlich auch auf die Zukunft erstreckt und dem tatsächlichen Benützer mit Ausschluss jedes andern, der kein besseres Recht nachweist, auch die fernere Benützung zuspricht. Das ist die entscheidende Rechtsregel. Sie knüpft das Benützungsrecht für die Zukunft offenbar nicht an die unaufhörlich fortgesetzte tatsächliche Benützung.

Also ist auch gar nicht daran zu denken, dass jemand nur in Folge meiner Unkenntniss von dem Aufenthalt des Dinges hinter einem Schranke, welche mich natürlich der tatsächlichen Gewalt beraubt, ein besseres Recht auf seinen Genuss gewönne. Wenn ein anderer sich meine Unkenntniss zu nutze macht, indem er es wegnimmt, so stiehlt er einfach. Er wird Besitzer, wie jeder Dieb, geschützt gegen Eigenmacht, und ich bleibe Besitzer, wie jeder Bestohlene, insofern ich nicht mein Eigentum, sondern nur den bisherigen Besitz und die Art, wie das Ding zu jenem andern gelangt ist, zu beweisen brauche, um wieder in den Genuss desselben gesetzt zu werden.

Um die Fortdauer des Besitzes an der verlegten Sache zu begründen, braucht man sich also auch gar nicht darauf zu stützen, dass der Verlust der tatsächlichen Gewalt doch nur ein relativer ist, da die Sache sich doch noch in meinen Wohnräumen befindet, da nur meine augenblickliche Unkenntniss mich an der Benützung hindert, und niemand, der sie hinter dem Schrank erblickt, wähnen kann, eine besitzerlose Sache zu finden.

Man könnte wol auch auf den Gedanken verfallen, die Rechtsordnung wolle den nach der Rechtsregel Berechtigten nicht durch einen blossen Zufall, aus dem niemand ein besseres Recht für sich ableiten könne, um sein Recht kommen lassen und supplire deshalb, wie oben den erforderlichen subjektiven Willen, so hier die tatsächliche Gewalt. Aber ich behaupte, dass sie hier gar nichts zu suppliren braucht, weil nach der Rechtsregel selbst das fragliche Besitzrecht d. i. die Fortdauer des Rechts, das Recht auf fernere Benützung, gar nicht an die absolut unaufhörliche, ununterbrochene Fortdauer der tatsächlichen Gewalt geknüpft ist, sicherlich wenigstens nicht, so weit sie durch rein subjektive Bedingungen unterbrochen wird, Krankheit z. B. dergl.

Wie aber, wenn das Ding selbst von Schicksalen getroffen wird, welche das dem wirtschaftlichen Verwendungszweck entsprechende Verhältniss abändern, so dass es, wenigstens sicher für die nächste Zeit, nicht zweckentsprechend verwendet werden kann, und dass es wiederum von andern Umständen abhängt, ob seine Verwendbarkeit wieder erreicht werden kann? So ist es bei dem Beispiel der in den Tiber gefallenen Steine.

Physische Gewalt und Benützung ist verloren, also auch das Recht, welches sich immer nur an die Tatsache der gegenwärtigen Benützung knüpft. Ist die Wiedergewinnung der Steine unmöglich, so hat die Frage nach Fortdauer des Besitzes keinen Sinn. Auch das Eigentum an ihnen ist dann erloschen. Gelingt es dem bisherigen Besitzer sie wieder zu heben, so wird kaum jemand bezweifeln, wenn auch längere Zeit verflossen sein sollte,

dass — wenigstens nach den vorgetragenen Principien — seine
Ersitzung durch diese Unterbrechung seiner tatsächlichen Gewalt
nicht unterbrochen ist. Wenn ihm aber ein anderer in schlauer
Weise zuvorkommt, okkupirt er eine besitzerlose Sache? Nein.
Denn nach den oben dargelegten Principien gibt der Besitz,
welcher bis zu dem Unglücksfalle bestand, das Recht auf fernere
Benützung. Nur wird gefragt werden müssen, wie lange dem
bisherigen Besitzer, wenn er keinen Versuch der Wiederge-
winnung macht, das Recht reservirt werden soll, — gewiss eine
Schwierigkeit. Es ist Sache der positiven Gesetzgebung äusser-
liche Merkmale, namentlich Fristen festzusetzen, um solchen
Ungewissheiten abzuhelfen. Ist es (nach meinem Princip) die
Fürsorge der Rechtsordnung, welche oben den Willensmangel
in Folge von Unkenntniss, hier den Mangel der tatsächlichen
Gewalt in Folge äusserer Zufälle für den Beginn resp. den
Fortbestand des Besitzrechtes unschädlich macht, so ist es nur
konsequent, wenn legislatorische Erwägungen dieser Fürsorge
ein Ziel setzen und sie einschränken. Wenn der Besitzer der
Steine, die er selbst wieder zu gewinnen nicht die Mittel hat,
die Frist seines Schutzes kennt, so wird er sich durch Ver-
äusserungen zu helfen suchen, so werden vielleicht seine künftigen
Erben, alle die an ihm und seinem Vermögensstande ein Interesse
haben, das Geschäft zu übernehmen oder zu vermitteln bereit
sein. Jedenfalls sprechen volkswirtschaftliche Gründe dafür der
Reservirung des Besitzes an dem wertvollen Objekte für ihn
ein Ziel zu setzen.

Man kann auf den Gedanken verfallen, dass, sowie ein
Ding, welches zerstört worden ist, also aufgehört hat als solches
zu existiren, so auch ein Ding, welches objektiv unbenützbar geworden ist, überhaupt nicht mehr Gegenstand eines Rechtes weder
des Eigentums noch des Besitzes sein kann. Das ist aber nur so
weit wahr, als es nutzlose Selbstverständlichkeit ist. Wie könnte
ein Ding, welches nicht existirt, Gegenstand eines Rechtes sein?
Diese Wahrheit charakterisirt sich am besten dadurch, dass man
eben auch die Behauptung des Gegenteils, dass Herr so und so
noch das Eigentum an dem Dinge habe, welches längst nicht mehr
existirt, oder dass er das Eigentum an Gütern im Monde habe,
passiren lassen könnte, weil absolut nichts daraus folgt und nichts
darauf ankommt. Folgte aber doch einmal etwas daraus, käme doch

einmal etwas darauf an, so wäre auch die Behauptung, dass an solchem Dinge weder Eigentum noch Besitz stattfinden könne, durchaus nicht selbstverständlich. Dasjenige, was daraus folgen könnte, wäre eben dann der Inhalt solches Rechtes.

Setzen wir also voraus, dass ein Ding dauernd absolut unbenützbar für Menschen geworden ist, so hört es überhaupt auf, Gegenstand sachenrechtlicher Normirungen und Bestimmungen zu sein. Gilt aber diese Voraussetzung nicht absolut, so kann gefragt werden: wie ist es, oder wie soll es sein, wenn das Ding nur nach gegenwärtig herrschender Ansicht für unbrauchbar geworden gilt, aber ein feiner Kopf mit seiner Erfindungskraft doch möglich macht, was bisher unmöglich war, Dinge fördert, welche absolut verloren schienen, oder ein Ding, welches gar keine Benützung, keinen Nutzen zu gewähren schien, in einer bisher ungeahnten Art und Weise nutzbar zu machen weiss? Der Schluss, da Eigentum und Besitz an diesem Dinge aufgehört habe, so gewinne der neue Besitzer beides an ihm, wäre offenbar falsch, da objektiv Benützbarkeit eben, wie die neue Tatsache beweist, nicht aufgehört hat und somit auch der angegebene Grund für die Unmöglichkeit weiteren Fortbestehens oder für den Wegfall von Eigentum und Besitz nicht mehr vorhanden ist. Wer kann beweisen, dass nicht der bisherige Eigentümer und Besitzer auch in einiger Zeit auf den glücklichen Einfall gekommen sein würde? Daraus geht hervor, dass doch jedenfalls, wie wie oben schon verlangt wurde, eine bestimmte Frist festgesetzt werden müsste. Vielleicht kann ein Unterschied gemacht werden, ob die Wiedererlangung der Benützbarkeit allgemein für möglich gilt und nur eben von dem Aufwand von Mühe und Geldmitteln, vielleicht noch einigen zufälligen Umständen abhängt, oder ob sie für durchaus unmöglich gilt und eine andere Benützung des Dinges als die bisherige jetzt unmöglich gewordene nicht geahnt wird. Jedenfalls glaube ich klar zu sehen, dass hier aus dem Begriffe des Besitzes nichts gefolgert und auch aus diesen Schwierigkeiten nichts gegen den Begriff des Besitzes gefolgert werden kann. Er kann nach seiner Natur unmöglich Auskunft geben; nur praktische und Billigkeitsrücksichten können zu positiven Satzungen führen. Es ist aller Interesse, wie oben beim Recht des Finders erwähnt wurde, dass die benützbaren Dinge auch wirklich zum Nutzen der Menschheit resp. der Ge-

meinschaft verwendet werden. Soll nicht der geniale Erfinder ein
Material für sich benützen dürfen, was für seinen bisherigen
Besitzer wie für jeden andern absolut unbenützbar, also absolut
wertlos ist? Oder soll diesem die Frucht der Erfindung zu Gute
kommen, nicht dem Erfinder? An dieser Stelle genügt der Beweis, dass in der Tat nur solche Gründe entscheiden können;
die möglichen positiven Bestimmungen liegen ausserhalb des
Planes dieser Arbeit.

Die Fälle, dass jemand eine Sache irrtümlich bei mir ab-
gegeben hat, dass er sie in meinem Hause und Hofe versteckt
oder verloren hat, wurden oben schon erwähnt, um die Möglichkeit unseres Besitzerwerbes trotz Nichtwissens von der Anwesenheit der Sache zu erwägen. Jetzt müssen wir das Moment
hervorheben, dass der irrtümliche Ablieferer, der Verlierer, Verstecker die tatsächliche Gewalt über diese Dinge nicht mehr hat.
Also wiederum: wer hat das Besitzrecht? Richtiger gefragt:
wer soll welches Benützungsrecht an der Sache haben? Wenn
ein Dritter sie aus meiner Gewalt entfernen und sie selbst in
Benützung nehmen will, so werde ich gegen ihn der Besserberechtigte sein. Ich darf seine Gewalt mit Gewalt abwehren;
ich muss als Kläger die Herausgabe der Sache schon blos auf
Grund des dargestellten Tatbestandes erwirken können. Und
wenn keiner von den Dreien je wieder sich meldet, um die Sache
wiederzuholen, so werde ich Ersitzungseigentum an derselben
gewinnen. Wenn aber der Verlierer sich erinnert, die Sache bei
mir gelassen zu haben und kommt, um sie sich wiederzuholen, und
ebenso der Verstecker und der irrende Ablieferer, so werden sie
gegen mich der Besserberechtigte sein und ihre Usukapion darf
nicht unterbrochen sein.

Wenn die irrtümlich in meiner Wohnung abgelieferte Waare
nicht in meinem Besitz sein soll, d. h. wenn ich durch ihre blosse
Anwesenheit in meinen Wohnräumen noch nicht das mit dem
Worte Besitz bezeichnete vorbehaltliche Genuss- und Benützungsrecht gewonnen habe, so liegt der Grund offenbar in der Art
und Weise, wie sie aus dem Besitz des Lieferanten in jene Lage
gekommen ist. Diese Lage mag dem Zweck der wirtschaftlichen
Verwendung im höchsten Grade entsprechen; es kommt nur
darauf an, wer das bessere Recht auf diese ihre wirtschaftliche

Verwendung hat. Dem Lieferanten gegenüber habe ich es nicht, weil die Waare ohne seine, des bisherigen Besitzers, Zustimmung in diese Lage gekommen ist. Ich muss wiederholen: die mit dem Namen Besitz zusammengefassten Rechte sind keine untrennbare Einheit. Ich habe den Besitz an der Waare, wenn es zum Besitze schon genügt, gegen jeden Dritten geschützt zu sein; ich habe nicht Besitz, wenn es zum Nichtbesitz schon genügt, dass ein anderer nicht sein Eigentum, sondern seinen bisherigen Besitz und die Art, wie die Waare in meine Hände geraten ist, zu beweisen braucht, um meine Verurteilung zur Herausgabe zu bewirken. Wenn der Lieferant sie, noch ehe ich Kunde erhalten habe, wieder abholen lässt, so setzt er voraus, dass ich, wenn ich auch Anspruch auf ihre Benützung machte, doch zur Herausgabe verurteilt werden würde. Seine Ersitzung wird durch diesen Zwischenfall nicht unterbrochen sein. Wenn der Lieferant aber sich in Folge irgend welcher Umstände niemals als Besserberechtigter meldet und sein Anspruch verjährt ist, so muss ich — wenigstens nach meiner oben vorgetragenen Theorie — Ersitzungseigentum gewonnen haben. Wer das als ein Zeichen dafür ansieht, dass ich doch Besitz gehabt haben müsse — wie eine sonst unerklärliche Wirkung auf die vorangegangenen Bedingungen schliessen lässt —, der hat mich nicht verstanden. Nach dieser Theorie macht es keinen Unterschied, ob ich die Waare in der Meinung, dass sie für mich bestimmt ist, an mich nehme oder nicht. Ihering meint, in jenem Falle hätte ich Besitz. Immer auf's Neue: was ist Besitz? Ich kann nur sehen, dass ich gegen jeden Dritten geschützt wäre, aber dem Lieferanten, welcher den Irrtum merkt und sie abholen kommt, sie herauszugeben verpflichtet bin. Wenn hier Zweifel, etwa über die Ersatzpflicht entstehen können für den Fall, dass ich die Sache verbraucht, veräussert habe, so können sie gewiss nicht aus einem berichtigten Begriffe des Besitzes gelöst werden, sondern aus den allgemeinen Normen über die Bedeutung und Wirkungen des Irrtums.

Wenn dem Bootsmann — ein Iheringsches Beispiel — sein Hut in ein fremdes Fischernetz fällt, so kann „das dem wirtschaftlichen Verwendungszwecke entsprechende Verhältniss der Sache zur Person" allerdings lehren, dass der Hut nicht Besitz des Netzbesitzers ist. Aber wenn dem Bootsmann ein Fisch, den er selbst eben gefangen hat, in ein fremdes Fischernetz fällt, so werden wir dem Besitzer des Fischernetzes keineswegs den Besitz des Fisches zusprechen, obgleich das dem Verwendungszweck entsprechende Verhältniss vorhanden ist. Der Fisch sowol wie der Hut bleiben für den Genuss ihres bisherigen Besitzers bestimmt; der Bootsmann hat ein besseres Recht als der Besitzer des Netzes, aber letzterer wird das bessere Recht gegen jeden andern haben. Und wenn der Hut nicht in ein Fischernetz fällt, sondern wenn er etwa vom Sturm in die offene Werkstatt eines Hutmachers oder in einen Hutladen getrieben wird, und wenn dort in diesem Augenblicke kein Mensch gegenwärtig ist, aber der demnächst hereinkommende Arbeiter oder Verkäufer meint, der Hut sei nur irgendwie von seinem Platze gefallen und ihn unter die anderen einrangirt, werden wir den Besitz dem Hutmacher zusprechen? Jeder wird meinen, der Verlierer brauche nicht sein Eigentum, sondern nur seinen bisherigen Besitz des Hutes geltend zu machen und seine Usukapion wird nicht unterbrochen sein. Entscheidend ist die Art des Ueberganges, wie das Ding aus dem dem Verwendungszwecke entsprechenden Verhältniss zu der einen Person in ein ebensolches Verhältniss zu einer anderen Person geraten ist.

Ihering macht bei seiner Bekämpfung des Kriteriums der tatsächlichen Gewalt mit überflüssigem Nachdruck auf die Fälle aufmerksam, in welchen der nach unser aller Rechtsgefühl als Besitzer zu Schützende die tatsächliche Gewalt nicht mehr hat. Aber wir müssen unterscheiden die Gewinnung des Besitzrechtes, d. h. desjenigen Benützungsrechtes, welches eben nur an die Tatsache der Benützung geknüpft ist, von der Fortdauer dieses Rechtes, nachdem es einmal erworben ist. Oben habe ich schon davon gehandelt. Hier muss ich auf's Neue erwähnen, dass ein Besitzrecht, welches nicht in die Zukunft reichte, also nicht fernere Benützung zubilligte, sondern immer nur die eben ohnedies geschehende bestätigte, kaum Wert hätte. Danach kann das Recht auf fernere Benützung nach dem Begriff der Sache unmöglich noch an die Bedingung unterbrochener fernerer tatsächlicher Gewalt (so viel nämlich zur Benützung gehört) geknüpft sein. Zum Besitz des Hutes und des Fisches gehört, dass soviel tatsächliche Gewalt über ihn als zur Benützung gehört, und ebenso das dem Verwendungszweck entsprechende Verhältniss der Sache zur Person,

welches ja auch das verständiger Weise zu verlangende Mass
tatsächlicher Gewalt enthält, einmal vorhanden war und das
Recht auf fernere Benützung (dem Willen des Subjektes gemäss)
begründet hat; nicht zu ihm, d. h. zu dem Recht auf fernere
Benützung gehört, dass dieses Verhältniss und diese Gewalt
unaufhörlich fortdauert. Wer sie freiwillig aufgibt, entäussert
sich seines Rechtes; wem sie gegen seinen Willen durch fremde
Eigenmacht oder durch Zufall geraubt wird, wird principiell von
der Rechtsordnung geschützt.

Dass die tatsächliche Gewalt verschieden aussehen und sich
verschieden gestalten muss nach den verschiedenen Dingen,
versteht sich eigentlich von selbst. Ihering hat in seiner Polemik
gegen dieses Kriterium auch den Sklaven, welcher von seinem
Herrn auf Geschäftsreisen geschickt ist, angeführt. In der
physischen Gewalt seines Herrn befindet er sich allerdings
nicht. Aber so lange er selbst das Recht seines Herrn an-
erkennend dessen Befehle ausführt, hat letzterer unzweifelhaft
„tatsächliche" Gewalt über ihn. Sie beruht nur nicht auf der
Kraft des Armes dergl. Das Verhältniss, in welchem sich der
für seinen Herrn Geschäfte betreibende Sklave befindet, entspricht allerdings dem Zweck der wirtschaftlichen Verwendung,
aber doch nur durch den Willen des Herrn und den überein-
stimmenden resp. sich unterordnenden Willen des Sklaven. Wenn
er es in Athen oder Alexandrien nicht selbst sagt und durch
sein Benehmen erkennen lässt, ansehen kann es ihm niemand,
erschliessen aus seiner dem Zwecke wirtschaftlicher Verwendung
entsprechenden Lage kann es niemand, dass er im Besitze eines
andern ist. Also dieses Kennzeichen würde auch nicht ausreichen. Es ist aber, wenn man bedenkt, dass die Sachen-
qualität des Sklaven so wie so in keinem Falle konsequent festgehalten werden kann, (cf. die metaph. naturwiss. Richtung etc.
S. 839), kein glücklicher Griff, gegen die tatsächliche Gewalt
als Kennzeichen des Sachbesitzes den auf Geschäftsreisen ge-
schickten Sklaven anzuführen, über den man in keinem Falle
eine ebensolche Gewalt hat, wie über sein Taschenmesser.

Gestehen wir aber erst am Sklaven die an den Besitz geknüpften Rechte zu, und verstehen wir die verlangte tatsächliche
Gewalt nach Massgabe des nach der Natur und „dem Verwendungszwecke" der Sache Möglichen, so bleiben die bisher

entwickelten Gesichtspunkte vollständig anwendbar. Der Herr
wird das Recht haben, selbst oder durch Beauftragte den Sklaven,
der die Gelegenheit der Geschäftsreise dazu benützt, sich frei
zu machen, wo er ihn trifft, zu ergreifen und die möglichste
physische Gewalt über ihn zu üben, und wenn er seiner wieder
habhaft geworden ist, wird seine Usukapion nicht unterbrochen
sein; und wenn der Sklave inzwischen in Besitz oder, um mich
vorsichtiger auszudrücken, in die Gewalt eines andern geraten
ist, so wird, wie bisher, die Art, wie er in des andern Gewalt
geraten ist, entscheiden. Sollen in diesem Falle andere Normen
gelten, so könnten sie jedenfalls nicht aus dem Begriff des Besitzes, sondern aus besonderen praktischen Rücksichten, der
besonderen Natur der Sache begründet werden.

Von den irrtümlich auf einem fremden Bauplatz abgeladenen
Materialien brauche ich wol nicht mehr zu handeln.

Nicht ebenso scheint sich die Fortdauer des Besitzes trotz
fehlender tatsächlicher Gewalt bei Haus und Hof, Feld und
Wald beurteilen zu lassen. Zwar das Princip bewährt sich auch
hier. An die Tatsache der Benützung knüpft sich das Recht
auf fernere Benützung mit dem Vorbehalt zu Gunsten des Besserberechtigten, und besserberechtigt ist immer der unmittelbare
Benützungsvorgänger, wenn der Nachfolger die Sache eigenmächtig d. i. ohne dessen Zustimmung in Benützung genommen hat,
und besserberechtigt als jeder von diesen, der Bestberechtigte
ist der Eigentümer. Doch ist ein Unterschied.

Wenn die Tatsache der Benützung das Recht auf fernere
Benützung mit Vorbehalt zu Gunsten des Besserberechtigten
begründen soll, so kann — sonst hätte dieser Vorbehalt keinen
Sinn — nur an ein ausschliessliches Benützungsrecht gedacht
werden. Also muss die tatsächliche Benützung auch ihrer Natur
nach den gleichzeitigen Genuss anderer ausschliessen, also der
Art sein, dass nicht mehrere das Ding benützen können, ohne
dass jeder in seinem Nutzen durch die andern beeinträchtigt
wird. Und die Benützung muss dauernden menschlichen Be-
dürfnissem dienen, sonst hätte das Recht auf fernere Benützung
keinen Sinn. Und da ein ausschliessliches Sachbenützungsrecht
niemanden aufgedrängt wird, der es nicht selbst haben will, so
wird der in der Art der Sachbenützung sich dokumentirende
Wille entscheidend sein. Wer ein Ding gelegentlich einmal

benützt hat, ohne es in diejenige Lage zu bringen und ohne diejenigen Vorkehrungen zu treffen, in welcher und durch welche allein es geeignet ist den wiederkehrenden Bedürfnissen zu dienen, also, wenn möglich, es in seinen Gewahrsam, in von ihm besessene Räume zu bringen, wird gegen den nächsten Benützer, welcher dies nicht versäumt hat, nicht das bessere Recht haben; der letztere wird Besitzer sein. Jener wird freilich, da er die Absicht wiederkehrender Benützung nicht hatte, vermutlich auch kein Recht in Anspruch nehmen. Allein denkbar ist auch, dass veränderte Umstände jemanden wünschen lassen, dasjenige getan zu haben, was er einst in Folge von Leichtsinn, Sorglosigkeit, Lässigkeit, augenblicklich erschwerender Umstände unterlassen hat. Dann treffen ihn doch die Folgen; seine einstige Benützung des Dinges hat nicht das Recht auf fernere Benützung, also nicht das bessere Recht gegen den späteren ohne seine Zustimmung Benützenden erzeugt.

Diese Lage der Dinge ist also nicht nur für jeden andern ein Grund zu der Annahme, dass sie nicht besitzerloses Gut sind, sondern sie ist Grund für die Rechtsordnung selbst, dem Besitzer des Raumes das Recht der ferneren Benützung zu sichern (mit den oben behandelten Einschränkungen), weil in ihr und nur in ihr sich das unentbehrliche Erforderniss des subjektiven Willens ausspricht.

Bei Haus und Hof, Feld und Wald ist dieses Kennzeichen nicht vorhanden. In den vorigen Fällen war die Relation auf einen schon vorausgesetzten Besitz, den des Hauses, Hofes, Feldes, Waldes, entscheidend. Hier handelt es sich um den Besitz des Hauses und Hofes, des Feldes und Waldes selbst. Nur die beweisbare Tatsache der geschehenen Benützung selbst kann entscheiden, und zwar einer Benützung, welche der Art ist, dass man den Willen auf ferneren Genuss der Sache, auf fernere Befriedigung bekannter menschlicher Bedürfnisse durch diese Sache voraussetzen, aus ihr entnehmen kann. Der Besitz dieser Dinge resp. der verlangte Benützungswille (für den Fall einer Unterbrechung der tatsächlichen Gewalt) kann nicht wieder aus einer Beziehung auf schon vorausgesetzten vorhandenen Besitz erkannt werden. So lange das Subjekt benützt, das Haus bewohnt, den Acker bestellt, ist der auf fernere Benützung gerichtete Wille nicht zu bezweifeln.

Aber jeder andere ist, wenn die subjektiven Bedingungen vorhanden sind, wenn er genug Körperkräfte, wenn er das nötige Handwerkszeug hat, oder wenn er Arbeiter dingen kann, die seine Aufträge ausführen, in der Lage dieselbe Benützung vorzunehmen, sei es dass er jenem zuvorkommt, sei es dass er ihn oder seine Arbeiter vertreibt. Wird jemand aus seinem Hause, von seinem Felde vertrieben, so wird der Akt der Gewalt beweisen, dass die Okkupation nicht mit Zustimmung des bisherigen Benützers geschehen ist, dass dieser den Willen auf fernere Benützung hatte, und so, wie es nur verlangt werden kann, an den Tag gelegt hatte. Der Vergewaltiger muss zur Unterlassung der Störung oder zur Wiedereinräumung verurteilt werden. Der Angegriffene hat auch unzweifelhaft gegen den Angreifer das Recht der Selbsthülfe. Und wenn er beim ersten Angriff zwar dejicirt ist, aber zuletzt doch im Kampfe obsiegt, so wird seine Usukapion gewiss nicht unterbrochen sein.

Wenn nun aber der bisherige Benützer tatsächlich zu benützen aufgehört hat, weil er z. B. verreisen musste, so ist ein solches Kennzeichen, wie bei den oben verhandelten Mobilien nicht vorhanden, gleichwol wird aus unserem Princip verlangt werden, dass er auf Grund der Tatsache der Benützung, aus welcher auf die Absicht fernerer Benützung geschlossen werden kann, auch das Recht anf fernere Benützung trotz Unterbrechung der tatsächlichen Gewalt (eben durch seine Abwesenheit) behält. Dass sich in dem von Menschen verlassenen Hause noch Hausgerät befindet, kann ja vermuten lassen, dass der bisherige Bewohner wiederzukommen gedenkt. Aber sicher ist das nicht, und die Rechtsordnung tut besser resp. hat besser getan, ihre Bestimmungen nicht an dieses und ähnliche Kennzeichen zu knüpfen. Also auch ohne ein Kennzeichen, wie es bei den Mobilien bestand, welches in ihrer Anwesenheit in dem von jemand besessenen Raume gefunden wurde, soll der abwesende bisherige Benützer von Inmobilien geschützt sein. Die Tatsache seiner Benützung bis zur Abreise muss genügen, wenn sein Wille zur ferneren Benützung nur irgendwie konstatirbar ist. Dieser muss also konstatirt werden, auf ihn allein kommt es an. Von diesem Standpunkt aus verstehen wir, „teleologisch", wie Ihering es verlangt, die Bestimmung des römischen Rechts, (Besitzwille S. 57. 61.), dass der Okkupant des Grundstückes eines Abwesenden erst dann Besitz erwirbt, wenn letzterer nach erlangter Kunde von der Okkupation keinen Versuch macht, den Besitz zu behaupten.

Ihering meint ganz richtig, „Grund etc." S. 208 f., dass sich diese Bestimmung vom Gesichtspunkt der physischen Herrschaft aus nicht erklären lasse, aber nicht richtig, dass zum Besitz des Okkupanten „das moralische oder ideale Moment", welches in der durch die Untätigkeit des bisherigen Besitzers dokumentirten Anerkennung des gegenwärtigen Besitzstandes liege, verlangt werde. Es ist nicht abzusehen, warum nur bei unbeweglichen Sachen das moralische Moment der Anerkennung nötig sein soll, bei beweglichen aber nicht. Ich sollte meinen, wenn überhaupt die Bedeutung des Moralischen in's Gewicht fällt, so könnte Beweglichkeit oder Unbeweglichkeit der Sachen keinen Unterschied machen. Ihering's Wort „aber eben weil bei unbeweglichen Sachen der Besitz weniger auf dem physischen, als dem rechtlichen Moment beruht, ist der Besitzerwerb hier notwendigerweise anders gestaltet; was dem Verhältniss in der ersteren Beziehung abgeht, muss das letztere ersetzen," lässt die Hauptsache unerklärt, warum nämlich bei unbeweglichen Sachen der Besitz weniger auf dem physischen, als dem rechtlichen Moment beruht. Und wenn er nicht auf dem physischen Moment beruht, so ist damit noch lange nicht erwiesen, dass er auf dem „rechtlichen" beruhen müsse. Letzteres, „die Anerkennung" des Vergewaltigten einschliessend, ist überhaupt unklar; versuchen wir damit Ernst zu machen, so sehen wir uns auf ein ganz anderes neues Princip der Besitztheorie hingewiesen, welches übrigens auch Ihering's ganzer Ausführung des Grundes des Besitzesschutzes völlig fremd ist.

Ich frage: was hat der „Besitzerwerb" hier auf sich? Wenn nach der Okkupation wiederum ein anderer, so wenig berechtigt, wie der Dejicient, diesen zu dejiciren versucht, so wird letzterer blos als gegenwärtiger Benützer der Ordnung wegen geschützt werden müssen. Nach dem Princip des Besitzesschutzes wird nicht danach gefragt, wie er selbst gegenüber seinem Benützungsvorgänger zur tatsächlichen Gewalt über die Sache gekommen ist. So viel Besitz müsste also der Dejicient, auch ehe Dejekt Kunde erlangt hat, haben. Wenn aber bei beweglichen Sachen auch der unmittelbare Benützungs = Besitzvorgänger (nach geschehener Gewalt) darauf angewiesen war, sich der Gewalt zu enthalten und sein besseres Recht in der Klage geltend zu machen, so wird in diesem Punkte bei unbeweglichen eine Ausnahme gemacht. Das Recht der Klage muss Dejekt selbstverständlich immer haben, aber er hat auch (im Unterschied vom Bestohlenen und Beraubten) das Recht mit Gewalt seinen Besitz wieder zu gewinnen, nämlich gleich nach erlangter Kunde von der Okkupation. Dass Dejicient den Besitz erst dann erwirbt, wenn Dejekt nach erlangter Kunde keinen solchen Versuch macht, dass er ihn also, ehe dieser Kunde erhalten hat, noch nicht erworben hat, hat nur den Sinn, dass er, gegen die Gewalt seines Wiedergewinnungsversuchs, wenn er gleich nach erlangter Kunde erfolgt, nicht durch ein Recht des Besitzes geschützt ist. Während der Entzieher von Mobilien nach vollbrachter Tatsache auch gegen die Gewalt des Eigentümers geschützt ist, ist der Okkupant des Grundstückes des Abwesenden gegen seine Gewalt nicht geschützt.

Welches ist also der Grund der Befugniss des Dejekten behufs Wiedergewinnung Gewalt anzuwenden? Warum hat sie der Bestohlene nicht auch?

Wem bewegliche Sachen *dolos* oder irrtümlich entzogen sind, der ist durch die Anwesenheit oder den Aufenthalt derselben in den von ihm besessenen Räumen, seinem Haus, Hof, Feld dergl. bis zum Augenblick der eigenmächtigen Aneignung als bisheriger Besitzer erkennbar. Wer sein Haus, sein Grundstück selbst verlassen hat, ist, wenn es während seiner Abwesenheit okkupirt wird, nicht als solcher, der es bis zum Augenblick der Okkupation besessen hat, erkennbar. Wenn er nun aber doch als Besitzer gegen Okkupation in seiner Abwesenheit geschützt werden soll, was unser aller Rechtsgefühl verlangt, so wie es das der Römer verlangte, so bleibt gewiss nichts anderes übrig, als die gesetzliche Bestimmung, dass er so angesehen werden soll, als hätte er bis zu seiner Kenntniss von der erfolgten Okkupation tatsächlich benützt = besessen, so dass er, sobald er Kunde von derselben erhält, einerseits in der Klage als bisheriger Benützer und Besitzer auftreten, einfach seinen Besitz geltend machen kann, andererseits auch das Recht der Selbsthülfe hat, wenn er zurückkehrt, um mit Gewalt seinen Besitz wiederzugewinnen, ganz ebenso als wenn er in seiner Anwesenheit auf demselben angegriffen wäre und Gewalt mit Gewalt zurückschlüge. Dadurch ist er rechtlich nicht besser (wie Ihering meint), sondern erst grade ebenso gut gestellt, wie derjenige, dem bewegliche Sachen aus seinem Besitz entzogen sind. Denn letzterer ist ja, wie schon gesagt, bis zum Augenblick der eigenmächtigen Entziehung als Besitzer erweislich, und eben diese Stellung soll dem Abwesenden gegen den Okkupanten seines Grundstückes auch gesichert werden. Diese Erklärung weicht von der Iheringschen erheblich ab, aber sie ist eigentlich — wenn ich ihn verstanden habe — in seinem Sinne.

Die rechtsphilosophische Erwägung zeigt also als Rechtfertigung der fraglichen Bestimmung rein praktische und Nützlichkeitsrücksichten, welche sich aus dem Grundprincip des Sachenrechts ergeben, aus ihm vollständig verstehen lassen.

Hier darf ich noch einmal der Berechnung der Ersitzungszeit gedenken, um meinen principiellen Standpunkt geltend zu machen.

Die Ersitzung des Dejicienten beginnt erst von da an, wenn Dejekt trotz erlangter Kunde die Wiedergewinnung nicht versucht, nicht von dem Zeitpunkt seiner Okkupation an, weil er, so meint man, bis zu jenem Zeitpunkt den Besitz, wie oben erörtert worden, nicht erworben hat.

Hier zeigt sich der ganze principielle Gegensatz meiner Auffassung zu überlieferten Lehren. Wie klar der genannte Grund zu sein scheint, ich muss doch widersprechen. Immer auf's Neue: was heisst Besitz? was heisst „weil Dejicient bis zu gedachtem Zeitpunkt noch nicht Besitzer ist“? Dass seine Ersitzung erst von diesem Zeitpunkte an zu berechnen ist, ist nicht eine Folge davon, dass er noch nicht in den geheimnissvollen Zustand des Besitzerseins geraten ist, sondern umgekehrt: „er ist bis dahin noch nicht Besitzer“ ist nur der Name für die beiden gesetzlichen Bestimmungen oder für die beiden an die Tatsache der Dejektion in Abwesenheit des bisherigen Besitzers geknüpften Rechtsfolgen 1) die oben zuerst behandelte, dass Dejekt sogleich nach erlangter Kunde Gewalt anzuwenden berechtigt ist, und 2) die zuletzt genannte, dass des Dejicienten Ersitzung erst beginnt, wenn Dejekt trotz erlangter Kunde keinen Wiedergewinnungsversuch macht, oder, was damit zusammenfallen muss, dass die Klageverjährung des Dejekten erst von dem Zeitpunkte der erlangten Kunde an beginnt. Nicht weil Dejekt bis zur erlangten Kunde noch Besitz hat, kann die Ersitzung des Dejicienten naturgemäss erst von diesem Zeitpunkte an beginnen, sondern umgekehrt, weil sie erst von diesem Zeitpunkte an beginnen soll, weil die Klageverjährung des Dejekten erst von diesem Zeitpunkte an beginnen soll, kann man den Ausdruck brauchen, dass Dejicient bis dahin noch nicht, dass Dejekt bis dahin noch Besitz habe. Warum sie es soll, geht aus praktischen Rücksichten auf die Natur und Bedeutung der Sache, des Grundstücks im Gegensatz zu Mobilien, hervor, und braucht hier nicht weiter breit getreten zu werden. Vergl. oben über die Ersitzung S. 48 ff.

Aus dem dargelegten Begriff der Sache geht auch hervor, was Ibering gegenüber besonderer Erwähnung wert ist, dass die Erkennbarkeit der tatsächlichen Benützung wirklich je nach der Natur der Dinge verschiedene Grade haben kann und muss, was weder gegen das Institut des Besitzesrechtes noch gegen den aufgestellten oder irgend einen aufstellbaren Begriff des Besitzes einen Einwand abgeben kann. Diese schwierigen Fälle sind durch die Natur der Sache gesetzt.

Ihering's Beispiel von der unbewohnten Insel, deren „Besitzer" dort nur in der guten Jahreszeit Möveneier sammelt, beweist höchstens dies, dass man an ihr überhaupt nicht „Besitz" haben kann, und zwar nach dem von ihm selbst aufgestellten Kriterium. Wer nur die Tatsache kennt, dass Herr X dort Möveneier zu sammeln pflegt, kann, — wenn er nicht alle für gleichbefugt zum Sammeln hält, — höchstens auf den Gedanken verfallen, dass der bisherige alleinige Sammler ein ausschliessliches Recht auf das Sammeln der Möveneier habe. Wenn andere einmal darauf verfallen sollten, sich dort niederzulassen, daher Steine zu holen, dort Hütten zu bauen, zu säen und zu ernten, so soll doch jemand sagen, woran der Richter erkennen soll, dass sie dem Sammler den Besitz entzogen haben. Oder sollte der Beweis einst stattgefundener Tradition, feierlicher Besitzergreifung genügen? Wenn Besitz wol erkennbar schon vorhanden ist, kann er tradirt werden. Dann hat der Tradent schon ein subjektives Recht, und wieviel Recht er hat, so viel kann er auch übertragen. Aber dann früge sich doch, wie ist der Tradent zum Besitz der unbewohnten Insel, auf welcher er

nur im Sommer Möveneier sammelt, gekommen? Und wie dessen
Tradent?

Am Ende hat einer, als er die unbewohnte Insel betrat,
den Willen in sich producirt, allen möglichen Gebrauch derselben
mit Ausschluss aller andern für sich zu haben, wenn er auch
vorerst nur im Sommer Möveneier sammelte. Wenn dieses blosse
Wollen überhaupt von rechtlicher Bedeutung ist, dann hätte er,
da die Insel voraussetzungsgemäss herrenlos ist, Eigentum an
ihr gewonnen. Aber der Okkupationsakt, welcher das ausschliessliche uneingeschränkte Sachgenussrecht geben soll, kann
nicht ein blosser Willensakt sein, sondern muss eben ein Sach-
genussakt sein, und zwar ein solcher, welcher, wenn auch nicht
zwingend beweist, so doch nach der Lage der Dinge und nach
der Menschennatur präsumiren lässt, dass der Handelnde das
Ding in seine ausschliessliche Benützung und Gewalt zu nehmen
gewillt ist. Ein solcher gibt das vorbehaltlose Genuss- und
Verfügungsrecht, wenn das Ding herrenlos ist, er gibt das vor-
läufige vorbehaltliche Genussrecht gegenüber der Möglichkeit, dass
ein Besserberechtigter da ist. Ohne eine solche Okkupation ist
Erwerb des Genussrechtes auf die unbewohnte Insel nur so denkbar, dass die Rechtsordnung selbst resp. derjenige, der als das
Organ derselben fungirt, dasselbe direkt zuspricht, sei es als ein
vorläufiges mit irgend einem Vorbehalt, sei es als das vorbehaltlose des Eigentums.

Zu den „Folgerungen" gehören auch die folgenden kritischen
Bemerkungen über die principiellen Bestimmungen des Sachenrechtes im Entwurf eines bürgerlichen Gesetzbuches für das
deutsche Reich und die daraus von selbst sich ergebenden Vor-
schläge.

An der Spitze des Sachenrechts steht die Definition von
Sache, § 778 „Sachen im Sinne des Gesetzes sind nur körperliche Gegenstände."

Es fällt mir nicht ein, den Redaktoren aus den Mängeln
dieser Definition als Definition einen Vorwurf zu machen. Sie
sind, wie jeder auf den ersten Blick sieht, sehr gross; aber die
Redaktoren würden entgegnen: wir haben auch gar nicht daran
gedacht, eine philosophische oder specieller rechtsphilosophische
Definition von Sache geben zu wollen, sondern wollten nur ausdrücklich das Gebiet der als Sachenrecht bezeichneten Rechts-

normen auf die körperlichen Dinge einschränken. Aber dann ist doch die Frage unausweichlich: Passen die im Entwurf des Sachenrechts gegebenen Normen wirklich gar nicht auf die unkörperlichen Gegenstände, welche überhaupt Gegenstand rechtlicher Normirung sein können? Dann wäre nicht zu befürchten, dass ein Richter dennoch diese Normen auf sie anzuwenden sich versucht fühlen würde und durch einen besonderen Paragraphen davor behütet werden müsste. Er wäre überflüssig.

Passen sie aber, sind sie wirklich anwendbar, so ist nicht abzusehen, warum sie nicht angewendet werden sollen? „Motive" III, 33 heisst es: „Seine (des Entw.) Bestimmungen ergeben, dass unter Sache stets ein körperlicher Gegenstand verstanden wird, und dass da, wo eine Norm sowol auf Sachen als auch auf Rechte sich beziehen soll, der Ausdruck „Gegenstand" gewählt ist." Warum „sich beziehen soll"? Ist das Sache der Gesetzgebung? Wenn „seine Bestimmungen ergeben", so kann man verstehen, dass diese Bestimmungen eben um ihrer Natur willen nur auf körperliche Gegenstände passen. Ist es dann nicht auch ebenso aus der Natur der Sache klar, dass andere Bestimmungen sowol auf körperliche Gegenstände als auch auf Rechte sich beziehen müssen?

Die Bestimmung dieses Paragraphen ist überflüssig. Aber nicht nur sie, überhaupt eine Definition von Sache ist überflüssig, wenn doch die einzelnen Normen selbst das Gebiet ihrer Anwendbarkeit so, wie es sein soll, erkennen lassen, und wenn sie selbst zu dieser Erkennbarkeit nichts weiter beiträgt. Sie wäre sehr nützlich, wenn sie den wesentlichen Punkt, aus welchem alle wichtigen Konsequenzen hervorgehen, und welcher die Gebiete deutlich abgrenzt, mit aller wissenschaftlichen Schärfe und Klarheit hervorhöbe. Aber dies wäre doch mehr Sache wissenschaftlicher Erörterung und würde sich kaum in die knappe Form eines Gesetzesparagraphen bringen lassen.

Voraussetzung ist, dass die Erhaltung des Lebens und aller Genuss desselben, dass alles edlere menschenwürdige Dasein von äusseren Bedingungen abhängt, dass es Dinge gibt, deren Existenz und deren Benützbarkeit von der Existenz und der Genussfähigkeit von Menschen ganz unabhängig ist, dass aber die Benützung dieser Dinge eben die genannte äussere Bedingung zur Erhaltung und zum Genusse des Lebens ist. Voraussetzung ist

ferner, dass solche Dinge nicht allen zugleich in der gleichen
Weise zur Befriedigung ihrer Bedürfnisse dienen können, dass
also voraussichtlich unter den gleich sehr ihrer bedürftigen
Menschen steter Kampf um ihren Genuss stattfinden würde, wenn
nicht eine Regelung dieser Benützungen und Genüsse stattfände,
und Voraussetzung ist endlich, dass jener stete Kampf mit seiner
Unsicherheit des Lebens absolut nicht stattfinden, dass also eine
feste Regelung dieser Benützungen und Genüsse durchaus stattfinden solle. Ich warte es ab, ob jemand diese Regelung nicht
für das ihm bekannte Sachenrecht halten zu können vorgibt.
Sollte sie es sein, so hätten wir es offenbar mit solchen Lust-
oder Genussquellen zu tun, welche unabhängig von der Existenz
von genussfähigen und genussberechtigten Menschen da sind,
welche der Voraussetzung nach jeder oder doch viele zu geniessen
und zu benützen wünschen, aber doch immer nur einer ohne
Schmälerung seines Genusses geniessen kann, um welche also der
absolut nicht sein sollende Kampf immer auf's neue entbrennen
müsste, wenn nicht eine feste Ordnung denselben ausschlösse.
Solche Güter oder Lust = Genussquellen sind Sachen im Sinne des
Sachenrechtes. Das Ziel wird erreicht, indem die Rechtsordnung
irgendwie festsetzt, wem jedesmal welche der vorhandenen verfügbaren Lust- und Genussquellen zur Benützung und Verfügung stehen
solle, und Sache im Sinne des Gesetzes ist demnach alles dasjenige, dessen rechtmässiger Geniesser durch die Rechtsordnung
bestimmt ist, oder alles dasjenige, in Betreff dessen die Rechtsordnung ihrem Grundprincip und ihrem höchsten Zwecke gemäss
sich die Frage vorlegen muss: wem soll dies zu Genuss und
Verfügung stehen?

Die verfügbaren und benützbaren Güter sollen von den Mit-
gliedern der Gemeinschaft benützt und genossen werden; sind
sie gerade nicht benützt, so sind sie doch für jeden benützbar,
okkupirbar. Möglich, dass eines in die Benützung eines andern
gerät, als zu dessen Verfügung es nach einer (fingirten) ursprünglichen Verteilung oder nach allgemeinen Normen bestimmt
war. Diese seine Bestimmung kann dadurch nicht aufgehoben
werden; es wird ihr zurückgegeben werden müssen. Diese
Existenzart des Objektes des Rechts, die Unabhängigkeit von
der Existenz eines Geniessers und von dessen Genussrecht, ist
der entscheidende Punkt, der den Gegensatz trägt; hieraus geht

hervor, dass die Rechtsordnung aus sich selbst ein Princip für die Regulirung der Sachbenützungen nehmen, dass sie selbst für jedes geniessbare Gut den berechtigten Geniesser bestimmen, die Verteilung, wenn auch nicht direkt an die einzelnen, so indirekt durch Aufstellung von Normen und Merkmalen regeln muss, und hieraus gehen alle Eigentümlichkeiten des Sachenrechtes hervor.

Diesem Begriff der Sache als Objekt eines Rechts steht gegenüber dasjenige Objekt eines Rechtes, welches in einer menschlichen Handlung resp. Unterlassung einer solchen besteht. Menschliche Handlungen wie verfügbare Güter verteilen, ist ein Ungedanke. Oben beim Besitz von Rechten ist schon darüber gehandelt worden. Fällt jemandes Genussrecht an einer Sache weg, so kann und muss es ein anderer haben; fällt jemandes Recht auf fremde Handlungen durch seinen Verzicht weg, so ist dieses Recht, so ist diese Lustquelle nicht mehr zu vergeben; die Verpflichtung hat aufgehört, und das Gut, welches in dem Rechte auf die Leistung bestand, existirt nicht mehr. Es ist undenkbar, dass je einmal Menschen leistungspflichtig geworden wären, noch unbestimmt für wen, begrifflich unabhängig von einem Forderungsberechtigten, so dass etwa der Genuss dieser Leistung Gegenstand der Okkupation sein könnte, wie ein Stück Land oder Pflanzen und Tiere. Wenn der Forderungsberechtigte zweifelhaft ist und ein solcher Streit entschieden werden soll, so doch niemals in dem Sinne, dass eine solche so wie so vorhandene Lustquelle jemandem zugeteilt werden müsste, damit nicht Kampf und Streit über sie entstehe, sondern nur in dem, dass die Identität natürlicher Menschenindividuen mit dem aus dem Rechtsgeschäft erkennbaren Subjekte des Forderungsrechtes zweifelhaft ist. Der berechtigte Geniesser ist im Begriff der geniessbaren Leistung, der Leistungspflicht enthalten. Beide entstehen zugleich durch einen und denselben Akt, einen Vertrag. Die Rechtsordnung bestimmt aus sich selbst keinen Geniesser für die Leistungen eines andern — von den scheinbaren Ausnahmen sogleich —, wenn sie zum Genuss eines andern dienen sollen, so kann sie nur der Wille des Handelnden selbst dazu bestimmt haben. Die Rechtsordnung tut dabei nicht mehr, als dass sie die Willenserklärungen bindend macht.

Ist ein Forderungsrecht entstanden, so kann es natürlich

übertragen werden, wie Sachgenussrechte, und dann gründet sich das Genussrecht des Empfängers beidemal auf den Vertrag, durch welchen das Recht von dem einen auf den andern übergeht. Dann gewinnt bekanntlich auch das Forderungsrecht den Schein einer vorhandenen Genussquelle —, einer Sache. Aber der wesentliche Unterschied bleibt doch bestehen. Schon im Falle des Verzichts, was oben schon erwähnt wurde, zeigt er sich. Vor allem aber bleibt doch auch dem übertragenen Rechte der Charakter seiner ursprünglichen Entstehung — es wird ja eben dasselbe und es wird nur so übertragen, was und wie es jemand hat — und in der ursprünglichen Entstehung ist der Unterschied charakteristisch, dass die Rechte auf Gebrauch und Genuss der vorhandenen Dinge durch die Rechtsordnung selbst unter die Subjekte verteilt werden, Rechte auf Handlungen von Mitmenschen aber nur durch Vertrag, durch den Willen der letzteren selbst entstehen können.

Der Deliktsobligation liegt gewiss kein Vertragswille zu Grunde, und das Gesetz selbst ordnet die Leistung zu Gunsten des Verletzten an. Aber doch findet die Definition der Sache auf sie noch viel weniger Anwendung. Denn die Leistung, in welcher der Schadenersatz besteht, ist nicht vor der Ersatzpflicht ein vorhandenes Gut, zu welchem der berechtigte Geniesser vom Gesetz selbst (damit kein Kampf um dieses Gut entstehe) bestimmt würde. Die Hauptsache ist, dass die Deliktsobligation schon auf einem Genussrechte beruht, schon ein solches, welches eben verletzt worden ist, voraussetzt. Das Recht des Ersatz Fordernden wurzelt in dem von der Rechtsordnung schon vorher anerkannten dem Subjekte verliehenen Rechte auf einen Genuss, der ihm durch die Handlung eines andern entzogen, gestört, geschmälert worden ist. Es ist grade umgekehrt, wie beim Sachenrechte. Nicht zu der Sache wird der berechtigte Geniesser, sondern zu dem (vorher schon) berechtigten Geniesser wird die Sache, welche ihm dienen soll, gesucht, resp. das Vermögen, aus welchem, oder die Person, durch deren Handlung sein Genussrecht befriedigt werden soll. Dieses ganze Recht besteht doch in der Vorstellung, dass der Genuss, welchen die Handlung des Verpflichteten gewährt, dass das Stück seines Vermögens, welches er hergeben soll, dasjenige ist, eben dasjenige ersetzt, also damit (annähernd) gleichwertig ist, was schon vorher aus anderen

Gründen dem Berechtigten zu Genuss und Verfügung stehen sollte. Die Alimentationspflicht ist gleichfalls kein verfügbares Gut, das wie die Früchte des Baumes sich auch ohne einen Genussberechtigten aus dem Verpflichteten entwickelte oder durch ihn dargestellt würde und des Geniessers harrte. Ohne Berechtigten gibt es keine Leistungspflicht.

Von unserm heutigen Standpunkte aus — die Römer gehen mich hier nichts an — erkennt die Rechtsordnung principiell das Recht eines jeden auf Erhaltung seines Lebens an. Unsere Gemeinschaft fühlt sich verpflichtet, den Erwerbsunfähigen zu erhalten. Aber ehe sie selbst mit ihren Mitteln, welche von allen, auch den ganz Unbeteiligten, die dem Alimentationsbedürftigen ganz fern stehen, aufgebracht sind, eingreift, wendet sie sich an seine nächsten Verwandten, ihnen die Pflicht auferlegend. Sie sucht also nicht zu dem Leistungsfähigen den Geniesser, sondern zu dem Genussberechtigten das Vermögen, aus welchem, oder die Person, durch deren Handlung ihm der Genuss bereitet werden soll.

Freilich entsteht dieses Forderungsrecht nicht durch Vertrag, aber es ist auch für jedes natürliche Rechtsgefühl eben deshalb himmelweit von jedem andern Forderungsrecht verschieden. Die wichtigste Folge dieses seines Wesens ist die, dass es nicht übertragbar ist. Das Gesetz konstituirt es freilich; von dieser Seite her scheint es dem Sachenrecht näher zu stehen. Aber wenn man das Recht verstehen will, so muss man seine Motive kennen. Sie sind beidemal absolut verschieden. Beim Sachenrecht die Absicht, Kampf und Streit um die geniessbaren Güter zu vermeiden und jedem die Sicherung seines Lebens und Lebensgenusses zu ermöglichen, hier, bei dem Alimentationsrecht und Pflicht, die Anerkennung des natürlich-sittlichen Verhältnisses persönlicher Art. Also das besondere persönliche Verhältniss unter Individuen ist der Grund von Recht und Leistungspflicht, ein Verhältniss sittlicher Art, welches an Stelle des besonderen Verhältnisses tritt, welches in kontraktlicher Willenseinigung besteht, oder welches — wenn der Ausdruck „an Stelle — tritt" nicht recht passend erscheinen sollte — im Gegensatz zu den allgemeinen Normen des Sachenrechts mit dem in kontraktlicher Willenseinigung bestehenden Verpflichtungsgrunde

das gemeinschaftlich hat, dass es eben ein persönliches Verhältniss ist und das ganze Recht nur auf diesem Persönlichen
beruht. Derselben Art sind alle Familienrechte, namentlich die
ehelichen, hausherrlichen. (Vergl. Begr. d. subj. R. S. 93 ff.)

Forderungsrechte und Leistungspflichten, welche sich an
eine amtliche oder gesellschaftliche Stellung von Individuen
knüpfen, gehören dem öffentlichen Recht an. Vom Sachenrecht
sind sie in derselben Weise, wie die bisher behandelten Obli-
gationen, verschieden. Was bei der eigentlichen Obligation die
Willenseinigung, was bei der Alimentationspflicht das natürlich-
sittliche Band unter den Blutsverwandten leistet, ist hier durch
Grundsätze des öffentlichen Rechtes, durch Vorstellungen darüber,
wie die Gesellschaft resp. die Gemeinde oder der Staat, aus
Hohen und Niedrigen bestehend, geordnet sein müsse, bestimmt.

Sachgesammtheit und Inbegriff fällt selbstverständlich unter
Sache im Sinne der Definition.

Die Fischerei- und Jagdgerechtigkeit gibt dem Berechtigten
das Recht auf die Tierindividuen, welche sich jedesmal auf dem
bestimmten Gebiete befinden. Sie sind das Objekt des Rechts.
Die Rechtsordnung bestimmt für sie den rechtmässigen Geniesser.

Fähr, Brau-, Müllereigerechtigkeit ist nicht der gleichen
Art. Sie sichern dem Berechtigten den Genuss aus dem Geschäftsbetrieb innerhalb eines bestimmten Gebietes. Die Rechts-
geschäfte, welche in den bestimmten Leistungen und Gegenleistungen (Bezahlung) bestehen, sind freilich nicht vorhandene
Genussquellen, welche ihren rechtmässigen Geniesser im Interesse
der Ordnung erhalten müssten. Aber indem die Lebensauffassung
und Gefühlsweise eines Volkes es für praktisch gut und ange-
messen hält, die Freiheit der Konkurrenz im Geschäftsbetrieb
zu beschränken, den vielen Gefahren, welche aus ihr stammen,
vorzubeugen, und je einem den Erwerb aus solchem Betrieb zu
sichern, hat sie die in Anbetracht der Bedürfnisse der vorhandenen Menschen mit Sicherheit zu erwartenden Geschäfte als
eine Sache, d. i. als eine vorhandene Genuss = Lustquelle aufgefasst
und ihr ihren Geniesser bestimmt.

Die obige Definition unterscheidet das Sachenrecht vom Forderungsrecht nur in der Entstehung. Aber grade in der Entstehung des Rechts zeigt sich sein Wesen, denn in ihr zeigt sich

das Motiv des objektiven Rechtswillens, aus welchem er subjektive Rechte verleiht.

Bei der Uebertragung ist die Existenz des subjektiven Rechts selbstverständliche Voraussetzung. Der Forderungsberechtigte hat seinen Verpflichteten. Der neue Erwerber tritt eben an die Stelle, genau in das Verhältniss des Uebertragenden und insofern ist sein Recht an der Sache und gegen den Verpflichteten derselben Art, wie das seines Autors, der ja selbstverständlich auch nur genau dasjenige, was er hat, und wie er es hat, übertragen kann. Es wäre deshalb ein allzu billiger Einwand, dass der Erwerber eines Sachenrechts durch Uebertragung von Seiten des bisherigen Berechtigten doch nicht durch Gesetz zum Genuss der vorhandenen Lustquelle ausgesucht sei, weshalb die Definition der Sache nicht passe, und dass der Erwerber des Forderungsrechts dasselbe nicht durch Willenseinigung mit dem Verpflichteten erlangt habe, weshalb die Definition des Forderungsrechts auf ihn nicht passe. Beide treten in dieselbe Stellung zu dem geniessbaren Objekte, der Sache und der Leistung des Verpflichteten, in welcher sich der Uebertragende befand; beide haben es durch den Vertrag mit dem Uebertragenden.

Der Unterschied zwischen Sachen- und Forderungsrecht, sc. derjenige, den ich von meinem Standpunkt aus statuiren kann, wird dadurch nicht aufgehoben. Jenes ist ein Recht auf eigne, dieses das auf fremde Handlungen.

Insofern beide übertragen werden können, ist auch letzteres wie eine vorhandene von der Person des Geniessers unabhängige zur Verfügung stehende Lustquelle behandelt, und desbalb scheint manchem in der Uebertragung der Forderung, wie auch in der Entscheidung eines Prätendentenstreites, eine Verdinglichung oder Versachlichung der Forderung zu liegen. Aber sie reicht doch nur grade so weit als die Uebertragung resp. deren Möglichkeit.

Ich verweise auf die Erörterung des Dingbegriffs in dem Aufsatz über das Wesen der Dinglichkeit (Krit. Viertjschr.). Da steht das Ding oder die Sache im Gegensatz zu dem Geschehen, dem Ereigniss. Schon die Substantivform Ereigniss ist eine Verdinglichung. Wird die Mehrheit von Veränderungen als innerlich zusammenhaltende Einheit gedacht, im Gegensatz zu anderen Veränderungen der Erscheinungswelt, so ist sie ein Exemplar einer Art, so ist sie im grossen Flusse des Geschehens vorher von Seiten ihrer Bedingungen angelegt, ist unter Umständen mit Sicherheit zu erwarten, und ist für alle Zukunft von Wirkungen. Dies bestimmte Geschehen ist ein geniessbares Gut, eine vorhandene Lustquelle in der sicheren Erwartung seines Eintretens. In dieser Auffassung liegt unzweifelhaft eine Verdinglichung, aber sie ist nicht juristischer Natur. Sie hebt den oben geltend gemachten Unterschied nicht auf. Das in der Forderung bestehende geniessbare Gut existirt nur, so lange der Berechtigte, der es durch Willenseinigung mit dem Verpflichteten in's Leben gerufen hat, da ist resp. so lange ein solcher da ist, welchem jener eben dieses Recht übertragen hat, oder welcher durch Vertrag mit jenem oder durch Erbgang an seine Stelle getreten ist, während das Gut des Sachenrechts auch ohne Geniesser fortexistirt und vorher existirt hat. Wenn der berechtigte Geniesser wegfällt, so tritt durch das Gesetz, welches dem Okkupanten Eigentum resp. Besitz zuspricht, ein neuer berechtigter Geniesser auf.

Im Erbrecht, welches meiner Behauptung vielleicht entgegenzustehen scheinen kann, wird entweder die Forderung des Erblassers durch seinen Willen übertragen, oder, wenn eine letztwillige Verfügung nicht vorhanden ist, greift ein ganz anderes Princip ein. Wenn der Forderungsberechtigte gestorben ist, ohne testamentarisch verfügt zu haben, so wird der Intestaterbe Forderungsberechtigter, aber doch nicht deshalb weil durchaus jemand die geniessbare Leistung geniessen und Kampf und Streit um sie vermieden werden sollte, sondern aus dem ganz andern Princip, dass der Tod den Verkehr der Vermögen untereinander nicht unterbrechen darf. Es sind praktische Rücksichten des Geschäftsverkehrs, welche durchaus verlangen, dass das Vermögen des Schuldners dem Gläubiger hafte, auch wenn ersterer gestorben ist, und aus demselben Princip ebenso, dass in das Vermögen des Verstorbenen geleistet werde (Begriff d. subj. R. S. 136, 356 ff.). Das Princip des Institutes des Erbrechts verlangt etwas, was aus dem Begriff des Forderungsrechtes in keiner Weise hervorgeht. Dass Erbgang *ab intestato* stattfinde, dass durchaus jemand in die vermögensrechtliche Stellung des Verstorbenen eintreten müsse, ist weder aus dem Begriff der Sache, noch aus dem der Forderung deducirbar, sondern ergibt sich aus allgemeineren Rücksichten. Sind aus dem Vermögen des Verstorbenen Pflichten zu erfüllen, so mag es evident erscheinen, dass es auch noch zu fordern hat resp. — richtiger ausgedrückt, — dass die Rechtsordnung verlangt, dass der Verpflichtete leiste um daraus den Forderungsberechtigten zu befriedigen. Sind aber solche Rücksichten auf Gläubiger des Verstorbenen nicht zu nehmen, und sind auch keine so nahen Blutsverwandten da, dass der Uebergang des Vermögens des Verstorbenen auf sie als natürliche Konsequenz des Verwandtschaftsverhältnisses erscheint, so wäre es durchaus kein rechtlich unmöglicher Gedanke, dass zwar die hinterlassenen körperlichen Dinge, blos um Kampf und Streit der Okkupationslustigen zu vermeiden, der Verfügung des Staates oder der Gemeinde anheimfielen, die hinterlassenen Forderungen aber einfach wegfielen. Also dass auch die hinterlassenen Forderungen *ab intestato* auf einen Erben übergehen, wäre kein Grund gegen meine Unterscheidung.

Meiner Unterscheidung von Sache und Forderungsrecht schliesst sich passend die Kritik des § 796 an, nicht um den gesetzgeberischen Inhalt desselben zu bekämpfen — dies geschieht auch, aber erst in zweiter Linie, ist nur sekundäres Interesse — sondern hauptsächlich um die Begriffe und die möglichen Folgerungen aus ihnen zu klären. Ich kämpfe gegen die Doktrin, welcher er, wenn nicht sein Dasein, so doch seine Formulirung verdankt.

§ 796 heisst: „Die Befugniss — über sein Recht zu verfügen, kann nicht durch Rechtsgeschäft mit Wirkung gegen Dritte ausgeschlossen oder beschränkt werden —". Das kann doch nur heissen: „der Vertrag durch welchen einer sich zu Gunsten eines andern seines Rechts über sein Recht zu verfügen ganz oder teilweise begeben hat, hat Rechtswirkung nur dem Kontrahenten gegenüber, nicht gegen Dritte" und das kann nur heissen: „wenn jemand sich solches Rechts vertragsmässig begeben hat und dennoch pflichtwidrig zu Gunsten anderer verfügt, so hat der Vertrag in Beziehung auf diese andern keine Rechtswirkung; die geschehenen Uebertragungen werden vom objektiven Recht anerkannt und bestätigt, und der betrogene Kontrahent kann sehn, wo er bleibt event. mit ein Bischen Schadenersatz vorlieb nehmen."

Wenn das aus allgemeinen praktischen Rücksichten so be-

liebt würde, so würde ich kaum wagen, meine Stimme dagegen
zu erheben. Aber ich glaube zu sehen, dass es die Natur des
blos obligatorischen Rechts, des blos persönlichen Anspruchs,
dem im Unterschied vom dinglichen Recht auch eine blos persönliche Verpflichtung entspreche, ist, aus welcher da deducirt
wird, und dieser durchaus falschen Deduktion gegenüber halte
ich mich für befugt zum Einspruche.

Den Römern einen Vorwurf zu machen liegt mir fern; ihre
Schuld ist es nicht, wenn unsere römischen Juristen alles dasjenige, was bei jenen positive Satzung war und aus den gegebenen
Verhältnissen historisch zu erklären ist, als rechtslogische Notwendigkeit aus Begriffen, wie dingliches Recht, Obligation, Vertrag abzuleiten und wie eine natürliche unabwendbare Wirkung
darzustellen versuchen. Das ist ihr eignes Missverständniss.

Der blos persönliche Anspruch versteht sich leicht, wenn
doch eben nur die bestimmte Person sich vertragsmässig verpflichtet hat und sonst niemand vepflichtet ist, dem Berechtigten
einen solchen Gefallen zu tun, wenn der Inhalt des Anspruchs
eine, ich möchte sagen intransitive Handlung ist, er versteht
sich zwar weniger, wenn die Handlung im Geben einer Sache,·
in einer relativ bleibenden Veränderung einer Sache besteht,
aber es versteht sich immer noch, dass wenigstens principiell
der Wille des Verpflichteten, die Person in Anspruch genommen
wird, und erst als Eventualmassregel eine direkte Beziehung
des Berechtigten zur Sache statuirt wird. Aber die blos persönliche Verpflichtung versteht sich daraus absolut gar nicht,
wenigstens nicht in dem Sinne, der ihr gegeben wird. Sie
verstünde sich natürlich in dem Sinne, dass nur eben diese
Person und niemand anders dasjenige zu tun verpflichtet ist,
wozu sie sich verpflichtet hat, und dass sie auch nur dem
Kontrahenten, dem Berechtigten die versprochene Leistung
zu machen hat, und sonst keinem andern; Anspruch und Verpflichtung sind persönlich im Gegensatz zu andern Menschenindividuen, nicht jeder ist diesem zu leisten, nicht jedem ist
dieser zu leisten verpflichtet, sonder nur dieser diesem. Sie
versteht sich aber gar nicht im Sinne eines absoluten Gegen-
satzes der Person zur Sache. Hat die pflichtmässige Handlung
eine bestimmte Sache zu ihrem Objekt, welche der Verfügung
des Verpflichteten untersteht, so ist ja selbstverständlich, dass

der Berechtigte sich nur an die eine Person halten kann, welche
über die Sache zu verfügen hat, und an keinen andern; es ist
aber ebenso selbstverständlich, dass der Inhalt des Rechtes doch
nicht blos die Person und deren Handlung ohne die Sache ist,
sondern immer mit der Sache, welche eben das Objekt dieser
Handlung sein soll, dass diese Handlung ohne dieses Objekt
nicht existirt. Dann steht also nicht die Person im Gegensatz
zur Sache. Freilich scheint es so, wenn eben diese Sache doch
einmal nicht mehr in der Verfügungsgewalt des Verpflichteten
steht. Dann soll es sich klar zeigen, dass der Berechtigte nicht
auf die Sache ein Recht hatte, denn wenn er dieses hätte, so
müsste er sie von jedem, in wessen Gewalt sie auch gekommen
ist, verlangen können, sondern nur gegen die eine Person. Denn
in diesem Falle kann er die Sache nicht von dem andern, in
dessen Gewalt sie gekommen ist, verlangen, sondern ist nur
darauf angewiesen, sich immer wieder an den einen zu wenden,
ohne ihn zwingen zu können, sie von jenem andern zu erwerben,
und muss schliesslich mit Schadenersatz vorlieb nehmen. Es ist
aber ein Grundfehler dieses Gedankens, die Art, wie die Sache
in des andern Gewalt gekommen ist, wie etwas gänzlich Gleichgültiges auszulassen und nur das Resultat, nur die blosse Tatsache, als wär sie ein unabwendbares Naturereigniss, in's Auge zu
fassen. Man kann zugeben, dass wenn es einmal so gekommen
ist, der Berechtigte sich allerdings immer nur an den einen Verpflichteten und an niemand anders wenden kann, aber die Frage
ist, ob es so kommen soll resp. darf, und wenn es nicht so
kommen soll, ob die Rechtsordnung nicht Grund genug und auch
Mittel hat, um zu verhindern, dass es so kommt. Sie kann sehr
wol die pflichtwidrige Verfügung über die Sache für rechtsunwirksam erklären, wie bei der befristeten Eigentumsübertragung.
Und wenn der Verpflichtete ohne sein eignes Verfügen um seine
Macht über die Sache gekommen ist und das Recht hat, von
dem neuen Inhaber Herausgabe zu verlangen, so kann die Rechtsordnung ihn auch verpflichten, zu Gunsten der Erfüllung seiner
Pflicht, von diesem Rechte Gebrauch zu machen. Wenn sonst
zur Geltendmachung solchen Rechts der subjektive Wille gehört,
so kann die Rechtsordnung in diesem Falle Verzicht nicht ge-
statten, jenes Recht zur Pflicht machen ev. durch ihr Machtwort
seinen Willen ersetzen. Ob das in allen Fällen rätlich ist, ob

nicht rechtspolitische und praktische Rücksichten, ob nicht andere Principien es, wenigstens in manchen Fällen, widerraten, ist eine andere Frage. Jedenfalls widerspreche ich auf das Entschiedenste der Doktrin, dass dies deshalb nicht ginge, weil ja kein dingliches Recht, sondern nur ein Vertrag vorliege und die Pflicht nur dem einen Berechtigten gegenüber bestehe. Letzteres könnte nur den Sinn haben, dass die Pflicht durch Verzicht des Berechtigten aufgehoben werden kann, aber unmöglich den, dass die Rechtsordnung auch seine pflichtwidrige Verfügung über die Sache, durch welche jener sich die Erfüllung seiner Pflicht dem Berechtigten gegenüber unmöglich macht, als zu Recht bestehend anerkennen und bestätigen müsse, — vielleicht wegen der absoluten Unverletzlichkeit und Heiligkeit seines subjektiven Willens, oder weiss Gott warum. Wenn die Rechtsordnung überhaupt einen Vertrag anerkennt, so kann das nur heissen, dass sie selbst nun um der Willenseinigung der Subjekte willen eben das will, was diese wollen, also zu demjenigen, der sich verpflichtet hat, nun auch ihrerseits ihr „du sollst" sagt (immer mit der selbstverständlichen Einschränkung: so lange der Berechtigte nicht verzichtet). Wenn die rechtliche Geltung und Bedeutung des Vertrages wirklich hierin und nur hierin besteht, so ist absolut nicht abzusehen, was eine Einschränkung der übernommenen Pflicht „nur gegenüber dem Berechtigten" heissen soll. Das Wort Pflicht wird dabei sinnlos. Wenn die Rechtsordnung nicht selbst zu dem Kontrahenten sagte, „du sollst dies tun oder nicht tun" so wüsste ich nicht, was „Rechtspflicht" hiesse, so gäbe es keinen rechtlich Verpflichteten; wenn sie es aber tut, so ist doch mit dem „du sollst dies tun" zugleich gesagt „du darfst es nicht nicht tun, ich erlaube es nicht." Sagt sie zu dem Verkäufer „du sollst dem Kaufvertrage gemäss dem Käufer tradiren", so hat jener nicht mehr das Recht, nicht diesem sondern einem andern zu tradiren. Und was heisst, dass er „nicht das Recht hat"? Wenn alles subjektive Recht und alle Pflicht doch immer nur darin bestehen kann, dass die Rechtsordnung selbst oder das objektive Recht etwas will, dass nach ihrem eignen Willen etwas durchaus geschehen oder nicht geschehen soll, so kann sie oder es doch unmöglich das, was jemand gegen diesen ihren Willen tut, bejahen und bestätigen. Wenn jemand sein Eigentum überträgt resp.

die Worte spricht und die Handlung vornimmt, so besteht die
Rechtswirkung nur darin, dass die Rechtsordnung selbst ihren
Willen dahin ausspricht: „von nun sollst du nicht mehr sondern
soll jener das Eigentumsrecht an der Sache haben", und wenn
sie das nicht tut, so hat faktisch kein Eigentumsübergang stattgefunden, so war das Aussprechen der Worte und das Vornehmen der körperlichen Handlung ein rechtlich gleichgültiges
Ereigniss. Wenn nun die Pflicht des Verkäufers zur Tradition
an den Käufer *A* gleich ist mit dem Willen der Rechtsordnung,
du sollst dem *A* tradiren, und wenn nun Verkäufer einem andern, *B*, tradirt, welchen Sinn soll es haben, dass die Rechtsordnung nun ihren Willen dahin erklärte, „ich will dass diese
Sache fortan Eigentum des *B* sei." Es ist ein Widerspruch,
und wenn er statuirt worden ist, so kann er unmöglich als
natürliche Wirkung aus dem Wesen des „nur obligatorischen
Rechts" des blos persönlichen Anspruchs gelten, sondern muss
sich anders erklären lassen, rein historisch. Doch die historische Erklärung geht mich hier nichts an.

Dieselbe Konsequenz aus dem Begriffe des Rechts ergab,
„Gewohnheitsrecht" S. 132, dass wenn der Vater in dem mit
einem seiner Kinder abgeschlossenen Gutsüberlassungsvertrage
den andern Kindern Abfindungen ausgesetzt hat, diese (auch
ohne Beitritt) ein Recht auf die Abfindung erhalten. Die
Einschränkung, nur gegenüber dem Kontrahenten habe der
Sohn die Pflicht, die Abfindungen auszuzahlen, nicht den andern
Kindern gegenüber, weshalb diese kein Recht hätten, ist hier
ebenso unmöglich. Ganz ebenso verhält es sich mit der Pflicht
des Vermieters, dem Mieter die Wohnung zu gewähren. Man
kann die Bestimmungen des römischen Rechts historisch verstehen, aber man kann nicht verstehen, dass es aus dem
Wesen des Vertrages, des blos persönlichen Anspruchs, der
blos persönlichen nur dem Mieter gegenüber bestehenden Pflicht
mit rechtslogischer Notwendigkeit hervorginge, dass der ver-
mietende Eigentümer durch rechtswirksame Uebertragung seines
Eigentumsrechts die Erfüllung der dem Mieter gegenüber übernommenen Pflicht müsse rechtlich unmöglich machen können.
Begr. d. subj. Rechts S. 193 ff.

Und ganz ebenso ist es mit § 796. Dem gedachten
Vertrage die Rechtskraft „gegen Dritte" abzusprechen ist ein

gleicher Widerspruch mit dem Princip, welches sonst die kontraktliche Willenseinigung anzuerkennen befiehlt. Soll aus dem
Begriff des Vertrages, des blos persönlichen Anspruchs, die Pflicht
nur dem Kontrahenten gegenüber gelten, woraus folge, dass die
Rechtswirkung der pflichtwidrigen Verfügung anerkannt werden
müsse? Man kann oder könnte praktische Gründe dafür
anführen, dass sie dennoch in bestimmten Fällen anerkannt
wird, aber dann wird ein Princip durch ein anderes eingeschränkt. Principiell der rechtsgeschäftlichen Aufhebung oder Beschränkung der Verfügungsgewalt die Rechtswirkung entziehen,
ist theoretisch unmöglich. Es müsste konsequentermassen allen
rechtsgeschäftlichen Verkehr aufheben oder doch lähmen. Wer
an die vertragsmässig übernommene Pflicht eine Sache nicht zu
verkaufen nicht durch die Rechtswirkung, sondern blos moralisch,
oder doch nur durch eine oft dem Interesse des Berechtigten
nicht genügende Schadenersatzpflicht gebunden ist, ist auch nicht
an die gebunden, sie nicht zu verpfänden, überhaupt niemandem
ein Recht an ihr zu bestellen. Und nicht nur die übernommene
Verpflichtung solches nicht zu tun, wäre unzuverlässig, sondern
ebenso die, solches zu tun. Wer sich vertragsmässig verpflichtet,
gegebenen Falls unter bestimmten Bedingungen die Sache zu
verkaufen, zu verpfänden, Rechte an ihr zu bestellen, hat doch
auch seine Befugniss, über sein Recht zu verfügen, durch Rechtsgeschäft eingeschränkt. Die Verpflichtung zu verkaufen hebt
doch das Recht nicht zu verkaufen auf, und wenn auch dies
zur Verfügungsbefugniss gehört, so ist sie durch jene Verpflichtung eingeschränkt. Ja man kann überhaupt sagen, jede Bestellung eines Rechts an der Sache, die Verpfändung, die Eigen-
tums- und Besitzübertragung ist doch auch Aufhebung oder
Beschränkung der Befugniss über sein Recht zu verfügen. Der
Entwurf sagt „Befugniss“. Klarer wäre — und stilistische Rücksichten auf angenehme Abwechselung des Ausdrucks wären hier
nicht angebracht, der Entwurf hat sie auch sonst nicht genommen
— klarer und belehrender wäre „das Recht über sein Recht zu
verfügen“. Man sieht gleich, dass es schliesslich auf die Definition des Rechts ankommt, namentlich auf die Erkenntniss,
dass das Uebertragungsrecht (wenigstens principiell) im Begriff
des subjektiven Rechts wesentlich enthalten ist und zu ihm
gehört. cf. Begr. d. subj. Rechts S. 168. Dann ist jede

Verfügung über sein Verfügungsrecht eine Verfügung über die Sache und jede Verfügung über die Sache ist eine Verfügung über sein Verfügungsrecht. Wäre die Befugniss, über sein Recht zu verfügen, durch Rechtsgeschäft nicht aufhebbar und nicht beschränkbar, so gäbe es kein Rechtsgeschäft, so wäre das ein Widerspruch mit dem Begriff des Eigentums. Aber freilich sagt unser § 796 nur, dass diese Befugniss nicht durch Rechtsgeschäft mit Wirkung gegen Dritte ausge schlossen oder beschränkt werden kann. Die Wirkung gegen Dritte scheint ja allerdings in dem Falle, den ich dachte, dass jemand durch Rechtsgeschäft die Verpflichtung zu verkaufen, zu verpfänden, ein Recht an der Sache zu bestellen übernommen habe und dann nicht erfülle, wegzufallen. Allein wenn die Bedingungen klar genug bestimmt wären und wenn ihr Vorhandensein gegebenen Falls evident genug wäre, so liesse sich gleichfalls denken, dass die Rechtsordnung den Verpflichteten zur Erfüllung seiner Pflicht zwänge. Ich will die etwaigen Mittel und Wege hierzu nicht verfolgen, sondern nur darauf hingewiesen haben, dass eine Wirkung gegen Dritte auch in diesem Falle denkbar wäre, und dass auch in diesem Falle die Einschränkung der Verpflichtung gegenüber dem Kontrahenten, wie in den obigen Fällen, völlig sinn- und principlos wäre. Oft genug würde sein Interesse, wenn er auch die Sache zurückfordern kann — (welches Recht ja in dem Fall der rechtswirksamen Veräusserung ein reiner Hohn ist) — weder durch Rückgabe der Sache noch durch sein Recht auf Schadenersatz hinreichend gewahrt werden. Diese Einschränkung ist hier wie in allen andern Fällen rechtslogisch ganz unmöglich, ein Widerspruch in sich selbst. Sehen wir von den römischen Vorurteilen ab, so kann für uns nur die praktische Rücksicht als Einschränkung des Princips in Betracht kommen, welche das Preussische Landrecht zur Geltung gebracht hat, dass der redliche Erwerber geschützt sein soll, die Veräusserung also nur dann rechtsunwirksam sein soll, wenn das die Veräusserung verbietende Rechtsgeschäft dem Dritten bekannt gewesen oder in das Hypothekenbuch eingetragen ist.

Das Interesse der Gläubiger gegenüber dem Schuldner, welcher sich durch Rechtsgeschäft in seinem Verfügungsrecht beschränkt, kann durch besondere Bestimmungen gewahrt werden.

Jedenfalls ist der principielle Ausschluss der Beschränkung des Verfügungsrechts durch Rechtsgeschäft resp. seine Einschränkung auf „nur obligatorische Wirkung" theoretisch unmöglich.

An die Spitze des Sachenrechts haben diejenigen gesetzlichen Bestimmungen zu treten, welche den Inhalt der möglichen Sachenrechte angeben. Dass eine solche Bestimmung unerlässlich ist, beweist der Entwurf selbst, indem er in § 797 „der Besitz einer Sache wird erworben durch die Erlangung der tatsächlichen Gewalt über die Sache (Inhabung) in Verbindung mit dem Willen des Inhabers die Sache als die seinige zu haben," das Wichtigste „eine Sache als die seinige haben" wie etwas Selbstverständliches voraussetzt.

Wenn das Sachenrecht nicht das Recht des Besitzes normiren will, so geht es der Besitz überhaupt nichts an. Was sollen Vorschriften über den Erwerb, wenn man nicht weiss, was erworben wird? Das bürgerliche Gesetzbuch will doch nicht lehren, wie man die tatsächliche Gewalt über eine Sache erlangt. Die folgenden Bestimmungen beweisen auch unwiderleglich, dass von einem Rechte die Rede gewesen sein soll, obgleich doch nichts, wozu jemand berechtigt ist, genannt worden ist.

§ 798. „Besitz einer Sache ist nur insoweit möglich, als Eigentum an der Sache möglich ist. An wesentlichen Bestandteilen einer Sache findet ein von dem Besitze der letzteren abgesonderter Besitz nicht statt," ist sinnlos, wenn man nicht unter Besitz die Rechtsfolgen versteht, welche an die blosse Tatsache geknüpft sein sollen. Von solchen hat aber der Entwurf bisher noch nichts gesagt. Wird wirklich, wie § 797 bestimmt, Besitz durch die Erlangung der tatsächlichen Gewalt über die Sache in Verbindung mit dem Willen des Inhabers, die Sache als die seinige zu haben, erworben, so ist absolut nicht abzusehen, warum diese Erlangung der tatsächlichen Gewalt in Verbindung mit dem Besitzwillen nur so weit möglich sein soll, als Eigentum an der Sache möglich ist. Und das Schlimmste dabei ist die Unverständlichkeit, da der zur Bestimmung verwendete Begriff des Eigentums noch gänzlich unerklärt ist, und noch niemand wissen kann, in welchen Fällen Eigentum an der Sache unmöglich ist.

Die Bestimmung ist aber auch für uns gänzlich überflüssig, sofern es sich um Dinge handelt, an welchen Erwerb von Privatbesitz deshalb unmöglich ist, weil sie sich (nach unserer Auffassung) schon im Eigentum eines andern, einer politischen oder kirchlichen Gemeinde, einer Korporation, des Staates befinden. Denkt der Entwurf aber an solche Dinge, welche um ihrer eignen sachlichen Natur willen die Ausschliesslichkeit des Genusses unmöglich machen, wie Licht und Luft und das hohe Meer, so ist wiederum diese Bestimmung entweder überhaupt überflüssig oder doch an dieser Stelle. Denn, wenn sie wirklich nicht ganz überflüssig ist, so muss ein besonderer Paragraph nach der Normirung des Eigentumsrechts die Dinge nennen, an welchen kein Eigentum stattfindet. Und wenn dies erst geschehen ist, so versteht sich wiederum von selbst, dass, an welchen Dingen ein vorbehaltloses ausschliessliches Genussrecht nicht stattfinden kann, an solchen auch ein ausschliessliches Genussrecht mit Vorbehalt zu Gunsten des Besserberechtigten nicht stattfinden kann.

Auch warum an wesentlichen Bestandteilen einer Sache die Erlangung der tatsächlichen Gewalt in Verbindung mit dem Willen sie als die seinige zu haben nicht soll stattfinden können, ist nicht abzusehen.

§ 799. „Eine Sache kann von Mehreren in Gemeinschaft besessen werden", sagt nach der obigen Erklärung nur Selbstverständliches. Sollen aber die Rechtsfolgen grade in Anbetracht der Schwierigkeiten, welche sich aus der Gemeinschaftlichkeit der tatsächlichen Gewalt und des Besitzwillens ergeben können, normirt werden, so ist nichts gesagt.

§ 800. „Eine geschäftsunfähige Person kann nicht durch eigne Handlungen Besitz erwerben.

Eine in der Geschäftsfähigkeit beschränkte Person kann auch durch eigne Handlungen Besitz erwerben".

§ 801. „Auf den Besitzerwerb durch Vertreter finden die Vorschriften über den Erwerb aus einem von dem Vertreter vorgenommenen Rechtsgeschäft entsprechende Anwendung", handeln offenbar von der bisher nicht mit einem Worte genannten rechtlichen Bedeutung des Besitzes. Es ist nicht zu begreifen, warum eine geschäftsunfähige Person nicht die tatsächliche Gewalt über eine Sache erlangen und dabei den Willen haben kann, diese Sache als die ihre zu haben. Wie kann diese tatsächliche Gewalt durch einen Vertreter erworben werden? Wie können auf ihren Erwerb die Vorschriften über den Erwerb aus einem von dem Vertreter vorgenommenen Rechtsgeschäft irgendwelche Anwendung finden?

§ 802. „Der Besitz einer Sache kann ohne den Willen des bisherigen Besitzers von einem andern nur durch solche Handlungen erworben werden, durch welche dem bisherigem Besitzer der Besitz entzogen wird", heisst „die tatsächliche Gewalt über eine Sache kann ohne den Willen des bisherigen Inhabers derselben nur durch solche Handlungen erworben werden, durch welche dem bisherigen Inhaber die tatsächliche Gewalt entzogen wird". Wenn es das nicht heissen soll, so kann doch nur gemeint sein, dass die ungenannten Rechte, welche als Besitz bezeichnet werden, ohne den Willen des bisherigen Inhabers dieser und der tatsächlichen Gewalt von einem andern nur durch solche Handlungen erworben werden, durch welche jenem die tatsächliche Gewalt entzogen wird, oder dass man das als Besitz bezeichnete Recht nur hat, wenn man die tatsächliche Gewalt über die Sache hat, und dass eben deshalb kein anderer eher den Besitz an der Sache erwerben kann, als bis er dem bisherigen Besitzer die tatsächliche Gewalt entzogen hat. Aber dann ist dieser Paragraph durchaus überflüssig. Denn um dies zu normiren reichen § 797 „Besitz wird erworben durch die Erlangung der tatsächlichen Gewalt" und § 810 „Der Besitz wird beendigt, wenn dem Besitzer die tatsächliche Gewalt über die Sache entzogen wird" vollständig aus, es wäre denn, dass der Entwurf eigentlich etwas ganz anderes sagen wollte, dies nämlich, dass „die" tatsächliche Gewalt — der Singular ist dabei zu betonen! —, wenn einer sie schon hat, nicht zugleich von einem andern gehabt werden kann, dass sie immer nur einer haben kann, es sei denn, dass jemand seine Gewalt über die Sache freiwillig mit einem andern teilt und ihm dadurch den Mitbesitz einräumt resp. ein Gesetz solches vorschreibt, dass also, wenn ein zweiter nicht die tatsächliche Gewalt, sondern nur auch tatsächliche Gewalt über die Sache erlangt, dieser dadurch nicht auch Besitz erwirbt. Wenn er auch Besitz erwürbe und doch jener ihn auch noch hätte, so wäre er Mitbesitzer geworden. Wenn dies verneint werden soll, so würde diese Bestimmung zu denjenigen gehören und ihnen einzureihen sein, welche überhaupt vom Mitbesitz handeln.

§ 803. „Mittels Uebergabe wird der Besitz einer Sache

erworben, wenn der Besitz von dem bisherigen Besitzer dem Erwerber eingeräumt und von diesem ergriffen wird". Wenn doch die tatsächliche Gewalt genügt, um Besitz zu konstituiren, so ist es gleichgültig, ob jemand dieselbe durch Uebergabe des bisherigen Besitzers oder sonst wie erlangt hat. Für die Rechtsfolgen käme ausschliesslich das in Betracht, dass der bisherige Besitzer im Falle der Uebergabe nie als Besserberechtigter auftreten kann. Aber dies gehört doch grade in einen ganz andern Zusammenhang. Wenn dies der § 803 betonen wollte, so müsste doch die Frage: wer ist in jedem Falle der Besserberechtigte? aufgeworfen worden sein. Aber ich glaube kaum, dass der Gesetzgeber es nötig hat dem Richter einzuschärfen, dass derjenige, welcher seinen Besitz durch Uebergabe übertragen hat, gegenüber dem Erwerber nie mehr der Besserberechtigte sein kann. Oder will § 803 für den Fall, dass Besitz mittels Uebergabe erworben wird, die Merkmale dieses Erwerbungsmittels genau bestimmen, und in diesem Sinne die Unentbehrlichkeit der Ergreifung festsetzen? Dann wäre diese Festsetzung in einem Betracht Ueberfluss, der nur Verwirrung anstiften kann, in einem andern aber gradezu falsch. Die Betonung der Notwendigkeit der Ergreifung ist Ueberfluss. Ohne Annahme ist die Handlung, welche Uebergabe sein soll, nicht Uebergabe, sondern nur eine Ortsveränderung des Dinges.

Der Entwurf will vermutlich dem Interesse der Begriffsklarheit dienen, wenn er dem Gesagten entsprechend den Begriff „mittels Uebergabe" in die beiden Momente Einräumung und Ergreifung zerlegt. Aber dem Interesse der Begriffspräcision ist damit in Wirklichkeit nicht gedient. Worin nun die vorgeschriebene Ergreifung besteht, was alles dazu gehört, in welchen Fällen sie noch als geschehene anzusehen ist und in welchen Fällen nicht, ist nicht nur ebenso unklar und unbestimmt, sondern noch viel unklarer und zweifelhafter, als die gleichen Fragen in Betreff des tatsächlichen Besitzes, der tatsächlichen Gewalt und des Besitzwillens. Wenn nicht für alle Fälle eine besondere Cerimonie vorgeschrieben werden soll — was gewiss niemand meinen wird — so wird als Ergreifung, welche der Einräumung folgen soll, jede Handlung, schliesslich jeder Gestus, jedes Wort, jede Miene, ja sogar blosse Umstände, auch Unterlassungen gelten können, welche den *animus sibi habendi* zu verraten scheinen oder als selbstverständlich voraussetzen lassen. Ohne diesen könnte ja auch von Ergreifen keine Rede sein; jede Handlung, welche äusserlich als Ergreifungsakt ausgegeben werden könnte, wäre eigentlich doch nur ein Angreifen, eine Ortsveränderung der Sache, Bewirkung eines Raumverhältnisses, welches zum Besitzerwerb bekanntlich nicht ausreicht. Der *animus sibi habendi* ist also doch wieder die Hauptsache dabei. Wenn nicht der Richter aus dem ganzen Zusammenhange der Ereignisse, aus der Sachlage und der Natur des zu geniessenden Dinges beurteilen darf und kann, ob gegebenen Falls der erforderliche *animus sibi habendi* vorhanden ist, d. i. die Annahme stattgefunden hat oder verweigert, verschmäht worden ist, so kann die Vorschrift, dass ein besonderer Akt der Ergreifung unentbehrlich ist, unredlichen Einreden im höchsten Masse Vorschub leisten und zu unlösbaren Zweifeln und Bedenken Anlass geben. Ist jenes aber der Fall, so ist diese Vorschrift überflüssig. § 803 hat also, falls er gegenüber der Möglichkeit absichtlicher oder willentlicher Nichtannahme den Begriff des Besitzerwerbs mittels Uebergabe definiren will, keinen Wert. Und er hat nach Obigem ebenso wenig Wert, falls er behufs Einteilung der Besitzerwerbsarten die mittels Uebergabe feststellen will. Es passt absolut nicht zusammen, dass zuerst im § 797 bestimmt wird „Besitz wird erworben durch Erlangung der tatsächlichen Gewalt" und dann noch extra § 803 „Besitz wird erworben durch Uebergabe", da doch die Uebergabe auch nichts anderes leistet, als die Ueberantwortung oder Vermittelung der tatsächlichen Gewalt, welche ohne dies in jedem Falle Besitz erwirbt. Wenigstens ist, was Uebergabe ausserdem noch leisten könnte, nicht gesagt, und grade das ist der Fehler. Sie könnte als der bekundete Uebertragungswille von Gewicht sein, aber davon sagt der Entwurf nichts. Wenn überhaupt ausser dem durch § 797 schon erledigten Besitzerwerb durch Erlangung der tatsächlichen Gewalt noch eine gesetzliche Bestimmung über Besitzerwerb möglich sein soll, so ist es nur die über Besitzerwerb durch den Uebertragungswillen resp. den Willen der Rechtsordnung, welcher sich an bestimmte Merkmale knüpft. Aber dann wäre doch grade dies das Wesentliche, dass es noch eine zweite Art von Besitzerwerb gibt, nämlich die ohne Erlangung der tatsächlichen Gewalt durch den blossen Uebertragungswillen resp. den Willen der Rechtsordnung.

Und in Beziehung auf diese Fälle sagte ich oben, dass § 803 mit seiner Betonung der Ergreifung „in einem andern Betracht gradezu falsch ist."

§ 803 fügt den Absatz hinzu: „Die Willenserklärung des bisherigen Besitzers, dass er den Besitz einräume, und die Willenserklärung des Erwerbers, dass er den Besitz ergreife, genügen für den Erwerb des Besitzes, wenn der Erwerber sich tatsächlich in der Lage befindet, die Gewalt über die Sache beliebig auszuüben", will also die Erklärung des Uebertragungs- und des Annahmewillens (so sagen wir wol besser statt Willenserklärung, dass er den Besitz ergreife) nur für den Fall gelten lassen, dass Erwerber in der Lage ist, die Gewalt über die Sache beliebig auszuüben. Aber ich vermag absolut nicht abzusehen warum, aus welcher praktischen oder rechtspolitischen Erwägung das neue Gesetzbuch die Möglichkeit des Besitzerwerbs durch Vertrag ohne tatsächliche Ergreifung auf diesen Fall einschränken will. Das ist nur Nachwirkung der römischen Doktrin.

Und ferner gehören hierher die Fälle, in welchen nach meiner obigen Auseinandersetzung (S. 102 ff.) die Rechtsordnung berufen ist, sogar den tatsächlich fehlenden Besitzwillen zu suppliren, in welchen also die Rechtsfolgen des Besitzes auch dann schon eintreten müssen, wenn in Folge von Unkenntniss, Abwesenheit, Krankheit nicht nur der Akt der Ergreifung, sondern auch die Annahmeerklärung noch nicht stattfinden konnte.

§ 804. „Die in der Inhabung eines andern befindliche Sache kann von dem Besitzer einem Dritten dadurch übergeben werden, dass der bisherige Besitzer den Inhaber anweist, die tatsächliche Gewalt fortan für den Dritten auszuüben, und dieser gegenüber dem bisherigen Besitzer oder dem Inhaber den Besitzwillen erklärt. Der Besitz wird von dem Dritten nicht erworben, wenn der Inhaber unverzüglich nach dem Empfang der Anweisung gegenüber dem bisherigen Besitzer oder dem Dritten der Anweisung widerspricht."

Ohne die Ausnahme als solche durch ein Princip zu begründen, oder besser gesagt, ohne dass man ein Princip für die Ausnahme entdecken kann, wird sogleich ein Fall aufgestellt, in welchem Besitzerwerb durch blossen Vertrag stattfindet, obgleich der Erwerber nicht in der Lage ist, die Gewalt über die Sache beliebig auszuüben. Dass der Inhaber die tatsächliche

Gewalt „für den Dritten" ausübe, sowie er sie bis dahin für
den übertragenden Besitzer ausgeübt habe, ist Doktrin. Solche
gehört nicht in's Gesetzbuch, und am allerwenigsten, wenn sie
so überaus anfechtbar ist, wie diese. Man kann den Ausdruck
brauchen, dass der Inhaber für den Besitzer Gewalt ausübe und
für ihn geniesse, aber man darf nicht wähnen, dass dadurch der
in § 803 geforderte Tatbestand, dass der Erwerber in der Lage
sei, die Gewalt beliebig auszuüben, wirklich hergestellt sei. Für
den in § 804 erwähnten Fall hat das Gesetzbuch blos dies vorzuschreiben, dass der Inhaber von dem Wechsel der Besitzer zu
unterrichten ist, und dass er durch seinen Widerspruch denselben
zu hindern vermag.

§ 805. „Die Uebergabe einer in der Inhabung des Besitzers
befindlichen Sache an einen andern kann, wenn der Besitzer auf
Grund eines zwischen ihm und dem andern bestehenden besonderen Rechtsverhältnisses befugt oder verpflichtet ist, die Sache
als Inhaber zu behalten, dadurch bewirkt werden, dass der bisherige Besitzer im Einverständnisse mit dem andern diesem den
Willen erklärt, die tatsächliche Gewalt fortan für denselben auszuüben.

Ist der bisherige Besitzer berechtigt, den andern in Ansehung
des Besitzerwerbs zu vertreten, so genügt zum Besitzerwerbe
des andern jede Handlung des bisherigen Besitzers, durch welche
der letztere den Willen kund gibt, die tatsächliche Gewalt fortan
für den andern auszuüben," muss, wenn doch das Ausüben der
tatsächlichen Gewalt „für einen andern" kein legislatorisch ver-
wendbarer Begriff ist, einfach wegfallen. Der Besitz ist über-
gegangen, sobald der bisherige Besitzer den Uebertragungswillen
erklärt hat und die Annahme von Seiten des Erwerbers aus
irgend welchem sicheren Anzeichen als erfolgt angesehen werden
kann. Dass der Uebertrager auf Grund eines besonderen Verhältnisses befugt ist, die Inhabung noch fortzusetzen, ist eine
Sache für sich.

Wenn doch die §§ 807—813 die Beendigung des Besitzes
normiren, so ist § 806 des Wortlautes „der Besitz dauert fort
bis zum Eintritte einer Thatsache, welche nach den Vorschriften
der §§ 807—813 die Beendigung des Besitzes bewirkt," uner-
laubter Luxus.

Bei den nun folgenden Paragraphen, welche die Beendigung des Besitzes betreffen, macht es sich aufs neue fühlbar, dass der Entwurf bisher noch nicht gesagt hat, was denn eigentlich der Besitz ist, dessen Beendigung normirt werden soll. Ist er blos die tatsächliche Gewalt mit dem *animus sibi habendi*, so versteht sich von selbst, dass er aufhört, wenn eines dieser beiden Merkmale, tatsächliche Gewalt oder *animus sibi habendi* aufgehört hat. Ist er aber etwas anderes, ist er ein Recht auf Sachbenützung, so versteht es sich nicht nur nicht von selbst, sondern so ist auch schlechterdings nicht zu ersehen, warum ein solches Recht beendigt werden soll, „wenn — wie § 810 sagt — dem Besitzer die tatsächliche Gewalt über die Sache entzogen wird." Ein Recht des Besitzes, welches nicht weiter reicht, als die Tatsache des Besitzes, (s. oben), welches sofort erlischt, wenn die Tatsache, welche auch ohne das Recht zu Stande kommt, wegfällt, ist in Wahrheit kein Recht. Das Recht wäre ein nichtssagender Schatten der Tatsachen. Ist aber „der Besitz" das an die Tatsache der Gewalt und Benützung geknüpfte Recht auf Fortsetzung derselben, so hört er doch eben nicht auf, wenn dem Besitzer die tatsächliche Gewalt über die Sache entzogen wird.

Der 2. Absatz von § 810 macht einen feinen Unterschied zwischen Verlust der tatsächlichen Gewalt und Behinderung, die tatsächliche Gewalt auszuüben. Was ist wol die dennoch vorhandene tatsächliche Gewalt während der Behinderung der Ausübung?! In den Worten: „durch eine ihrer Natur nach nur vorübergehende Behinderung, die tatsächliche Gewalt auszuüben, wird der Besitz nicht beendigt" kann der Ton nur auf dem „ihrer Natur nach nur vorübergehend" liegen, und man kann ahnen, was gemeint ist, aber besser ausgedrückt sein sollte. Besitz ist natürlich das Recht auf Fortsetzung der Benützung und des Genusses, sonst wäre es ja Unsinn, dass durch ein vorübergehendes Aufhören der tatsächlichen Gewalt die tatsächliche Gewalt nicht (auch nicht vorübergehend) aufhörte. Aber wenn „der Besitz" des § 810 das Recht auf Fortsetzung des Genusses oder — und das muss ja zusammenfallen — das Recht auf Rückforderung ist, ist dann die Entziehung durch Diebstahl, Raub, Irrtum eine ihrer Natur nach nur vorübergehende Behinderung etc.? Das ist sie, wenigstens „ihrer Natur nach", gewiss nicht, und doch wird dem durch Diebstahl, Raub, Irrtum Geschädigten das Recht der Rückforderung und damit — sonst wäre dieses Unsinn — das Recht auf weitere Benützung zugesprochen. Oder ist der Besitz dieses Paragraphen nicht dieses Recht? Was ist er denn? Dann ist aber auch der erste Satz dieses Paragraphen einfach falsch. Der Absatz denkt an die durch die objektive Lage der Dinge gegebene Möglichkeit der Benützung und an subjektive Verhinderungsursachen, wie Krankheit, Abwesenheit, oder auch an objektive in der Beschaffenheit der Sache gelegene, welche ihrer Natur nach vorübergehen. Aber wenn der erste Satz „der Besitz wird beendigt, wenn dem Besitzer die tatsächliche Gewalt über die Sache entzogen wird" als falsch wegfällt, so ist der Absatz, welcher die Ausnahmen von dieser Regel begründen soll, überflüssig. Das an die Tatsache der Gewalt und Benützung geknüpfte Recht des Besitzes, welches eben *eo ipso* das Recht auf den Inbegriff aller Benützungen ist und sich vom Eigentum nur durch den Vorbehalt zu Gunsten des Besserberechtigten unterscheidet, muss in jedem Falle aus der Natur der Sache, den menschlichen Bedürfnissen, welchen sie dienen kann und soll, und den besonderen Umständen verstanden werden. Dass subjektive Behinderung (nicht, die Gewalt auszuüben, sondern), die Sache direkt zu benützen, und ebenso, dass zeitweise Unbenützbarkeit der Sache dieses einmal vorhandene Recht nicht aufheben, die Sache nicht der Okkupation übergeben können, versteht sich ganz von selbst.

Wenn die Sache durch Veränderung ihrer Qualitäten oder ihres Ortes unbenützbar geworden ist, so bedarf es keiner gesetzlichen Bestimmung. Will sie dennoch ein anderer sich aneignen und will der bisherige Besitzer sie behalten resp. fordert er Rückgabe, so ist die Voraussetzung nicht erfüllt; denn dann muss sie doch noch von irgendwelcher Verwendbarkeit, wenn auch erst in der Zukunft erhoffbaren, sein.

Nur wenn sie für die Kräfte und Mittel des einen, nicht für die eines andern, unerreichbar und unbenützbar geworden ist, oder wenn es unsicher ist, ob überhaupt je und in wie langer Zeit sie wieder erreichbar und benützbar sein wird, bedarf es gesetzlicher Normirung und zwar — cf. oben S. 120 ff. — der Feststellung einer bestimmten Frist.

Von den Besitzbeendigungsparagraphen des Entwurfs ist

§ 807 „der Besitz wird beendigt, wenn er in Gemässheit des § 798 unmöglich wird" überflüssig, dagegen

808 „der Besitz wird dadurch beendigt, dass der Besitzer den Willen erklärt, die Sache nicht mehr als die seinige zu haben (Aufgeben des Besitzes)," selbstverständlich beizubehalten; nur wäre hinter „erklärt" einzuschieben „oder durch Handlungen zu erkennen gibt".

§ 811 „Der Besitz wird dadurch nicht beendigt, dass ein anderer die tatsächliche Gewalt über die Sache mit dem Willen erlangt, die Gewalt für den Besitzer auszuüben" ist überflüssig, wenigstens wenn ich mit meiner Theorie und der aus ihr folgenden Verwerflichkeit des § 810 Recht habe.

Dasselbe gilt vom § 812 „Der Besitz eines Grundstücks wird dadurch, dass ein anderer die tatsächliche Gewalt über dasselbe ausübt, nicht beendigt, wenn der bisheriger Besitzer, oder, sofern dieser das Grundstück nicht selbst innehatte, der bisherige Inhaber sofort nach erlangter Kenntniss von den Besitzhandlungen des andern die tatsächliche Gewalt sich wieder verschafft." Was ist oder worin besteht denn „der Besitz", welcher in diesem Falle „nicht beendigt wird"? Wenn der bisherige Besitzer (nach obiger Theorie) doch das als Besitz bezeichnete Recht auf Fortbenützung d. i. das Recht Wiedereinräumung der Inhabung, Unterlassung der Störung blos als bisheriger Benützer (ohne Eigentumsbeweis) zu verlangen auch dann behält, wenn es ihm nicht gelingt, sich die tatsächliche Gewalt wieder zu verschaffen oder auch wenn er keinen Versuch dazu macht, sondern lieber sogleich den Weg der Klage betritt, und wenn durch die Verurteilung des Beklagten doch eben rechtlich völlig festgestellt ist, dass er kein (besseres) Recht auf die Sache gehabt hat, durch diesen Zwischenfall also kein besseres Recht (als das des bisherigen Besitzers) hergestellt worden ist, und wenn eben deshalb die Ersitzung durch solchen Zwischenfall nicht unterbrochen sein kann, so ist nicht mehr ersichtlich, was ein Gesetzesparagraph soll, welcher besonders feststellt dass „der Besitz" in diesem Falle nicht beendigt würde. Er ist sogar verwirrend insofern der Schein, dass es auch anders sein könnte, hervorgerufen und hiermit die Evidenz der Folgerung aus dem Princip verdunkelt wird. Die Unklarheit und das Schwankende des Besitzbegriffes hat auch diesen Paragraphen verschuldet. Man muss sich definitiv klar macben, ob principiell der sogenannte „Besitz" mit der tatsächlichen Gewalt und dem Willen zusammenfällt oder nicht. Ist jenes wirklich der Fall, so hat man sich einzugestehen, dass der Mangel der tatsächlichen Gewalt absolut nicht gut gemacht werden kann durch die Redensart, dass einer für einen andern dieselbe ausübe. Dass es inhaltlich oft genug falsch ist, will ich hier nicht wiederholen, sondern betone nur die begriffliche Unmöglichkeit. Sinn hat dieses Wort nur dann, wenn wir es als den Auftrag oder die Erlaubniss des Berechtigten auffassen, aber dann ist ja *eo ipso* jener Besitzesbegriff über den Haufen geworfen; dann ist meine Ansicht anerkannt, dass der Besitz ein (vorbehaltliches) Recht auf Sachbenützung ist, welches zwar auch durch Uebertragung erworben werden kann, aber, da von der Entstehung durch Uebertragung doch abgesehen werden muss, ursprünglich einmal an die blosse Tatsache der Sachbenützung sich geknüpft hat, und, wenn nicht ein Besserberechtigter sein Recht geltend macht, nur durch Entäusserung oder durch Bekundung des Dereliktionswillen erlöschen kann.

Der Begriff des Besitzes entscheidet auch über § 813 des Entwurfs. Der erste Absatz „Wird die tatsächliche Gewalt für den Besitzer durch einen andern ausgeübt, so wird der Besitz dadurch nicht beendigt, dass der Inhaber stirbt oder geschäftsunfähig wird" sagt Selbstverständliches, wenn doch eben das als Besitz bezeichnete Recht und tatsächliche Gewalt nicht zusammenfällt.

Absatz 2 des § 813 „So lange der Inhaber die tatsächliche Gewalt behält, wird durch eine Handlung desselben der Besitz nur dann beendigt, wenn der Inhaber gegenüber dem Besitzer den Willen erklärt, die tatsächliche Gewalt nicht mehr für den Besitzer, sondern für sich oder für einen Dritten auszuüben" ist, was ja schon viele erklärt haben, inhaltlich unmöglich. Ist der Besitz, wie oben erklärt wurde, ein, wenn auch vorbehaltliches, Recht auf Sachgenuss, so kann der subjektive Wille des Inhabers, fortan die tatsächliche Gewalt nicht mehr für den Besitzer, sondern für sich oder für einen Dritten auszuüben, unmöglich jenes Recht aufheben; dieser Wille ist machtlos, gleichviel ob er ihn dem Besitzer gegenüber „erklärt" oder nicht. Er wäre nur dann nicht machtlos, wenn der Besitzer zu dieser

Willenserklärung seine Zustimmung gäbe. Aber das wäre ein anderer Fall. Man kann nur wieder erstaunt fragen: was ist nach dem Entwurf eigentlich Besitz? Der Zwitterbegriff der römischen *possessio* ist nichts weniger als die Entdeckung einer ewigen Rechtswahrheit, sondern ein historisch-psychologisches Problem.

Von einer gesetzlichen Definition des Besitzes ist durchaus Abstand zu nehmen. An die Spitze der den Besitz betreffenden Gesetzesparagraphen hat eine Bestimmung des Inhaltes des Besitzrechtes zu treten. Dabei ist unter Vermeidung des Wortes Besitz direkt der Tatbestand zu nennen, an welchen es geknüpft sein soll. Statt der „Gewalt", an welcher so oft Anstoss genommen worden ist, setze ich „die Benützung" in dem oben S. 18 ff., 68 ff., 99 f., 127 f. erklärten Sinne. Sie schliesst ja diejenige Gewalt, welche mit Recht verlangt werden kann, um die Folgen des Besitzesschutzes eintreten zu lassen, ein. Der Sinn des Wortes „tatsächliche Benützung", scheint mir weniger Missverständnissen ausgesetzt zu sein, als der des Besitzes und der Gewalt; meine obige Fixirung desselben entspricht im Allgemeinen dem gewöhnlichen Sprachgebrauch; nur etwa dass das blosse im Gewahrsam Halten ohne diejenige wahrnehmbare Einwirkung, welche sonst die Menschen um das Ding zu benützen vornehmen, doch auch schon zur Benützung gerechnet wird, entspricht ihm nicht. Aber ich meine, auch wer eben behauptet hat, dass jemand ein Ding unbenützt bei sich liegen, verderben lasse, wird sehr leicht zugestehen, dass doch auch in dem blossen bei sich liegen lassen schon eine Benützung liege, und sich sehr bald in den weiteren Sinn des Wortes finden. An Stelle der §§ 797, 815, 819, 820, ist zu setzen:

§ 1.

Wer eine Sache, welche ein anderer in Benützung genommen hat, ohne Zustimmung desselben in Benützung nimmt, ist verpflichtet, sie jenem auf sein Verlangen herauszugeben resp. weiteren Gebrauch oder weitere Störung jenes zu unterlassen.

Ueber die Unzulässigkeit der Ausnahme, welche der Entwurf im 2. Absatz der §§ 819, 820 statuirt, s. oben S. 35.

§ 2.

Wer eine Sache in Benützung genommen hat, ist berechtigt, sich jeder ohne seine Zustimmung erfolgenden Störung oder Entziehung mit Gewalt zu erwehren, so wie auch dem auf der Tat betroffenen oder bei sofortiger Nacheile erreichten Täter die Sache mit Gewalt wieder abzunehmen.

Ist jemandem ohne seine Zustimmung seine tatsächliche Gewalt über ein Grundstück entzogen worden, so ist er berechtigt, sofort nach erlangter Kenntniss von der Entziehung behufs Wiedergewinnung Gewalt anzuwenden, gegen die Person jedoch nur dann, wenn die Wiederverschaffung sofort nach der Entziehung erfolgt oder wenn die Voraussetzungen vorliegen, unter welchen nach § 189 Selbsthülfe erlaubt ist.

Die Schlussworte des 2. Absatzes § 815 „Im Falle der Wiederabnahme ist der Besitz als nicht unterbrochen anzusehen" müssen nach meiner Auffassung der Ersitzung als bedeutungslos wegfallen.

Der letzte Absatz von § 815 „Die in dem ersten bis dritten Absatz bezeichneten Rechte stehen dem Inhaber auch gegenüber demjenigen zu, für welchen er die Sache innehat" muss wegfallen. Erstens ist das „Für einen Inhaber" zu unklar, zweitens ist dasjenige, was der Entwurf meint, bei meiner Fassung selbstverständlich, und drittens ist es im Gegenteil notwendig, die Ausnahme zu normiren. Daher

§ 3.

Wer eine Sache im Auftrage oder mit der Erlaubniss des Berechtigten in Benützung genommen hat, hat gegen diesen weder den Anspruch auf Herausgabe resp. Unterlassung noch das Recht der Selbsthülfe, wenn aus den Umständen und der Sachlage zu entnehmen ist, dass Auftrag oder Erlaubniss nur in dem Sinne gegeben ist, dass die Wiedereinräumung auf Verlangen jenes zu erfolgen hat.

Dasselbe gilt von den Kindern gegenüber dem Vater.

§ 814 des Entwurfs „niemand darf, so weit nicht das Gesetz für besondere Fälle ein Anderes bestimmt, ohne den Willen des Inhabers einer Sache demselben die Inhabung entziehen oder ihn darin stören (verbotene Eigenmacht)" ist absolut überflüssig, wenn doch besondere Paragraphen das Recht der Selbsthülfe und das auf Rückforderung des Entzogenen resp. Unterlassung der Störung normiren.

§ 818. „Die durch verbotene Eigenmacht erlangte Inhabung ist fehlerhaft. Fehlerhaft ist auch die Inhabung des Erben desjenigen, dessen Inhabung fehlerhaft war. Die Inhabung eines sonstigen Nachfolgers des letzteren ist nur dann fehlerhaft, wenn der Nachfolger bei Erlangnng der Inhabung die Fehlerhaftigkeit der Inhabung seines Vorgängers gekannt hat" ist überflüssig. Die Fehlerhaftigkeit bedarf keines Paragraphen, da doch dasjenige, worin sie besteht, und seine Rechtsfolgen ohne dies in besonderen Paragraphen zu normiren ist.

§ 818 des Entwurfs muss demnach fortfallen.

An Stelle des schwerfälligen § 821 „Ist der Inhaber nicht zugleich der Besitzer, so stehen die nach den §§ 819. 820 für den Inhaber begründeten Rechte auch dem Besitzer zu. Will der frühere Inhaber in dem Falle der Entziehung der Inhabung diese nicht wieder übernehmen, so kann der Besitzer fordern, dass die Inhabung ihm selbst eingeräumt werde.

Hat der Inhaber die Inhabung für einen andern, welcher für den Besitzer die tatsächliche Gewalt über die Sache ausübt, so hat auch dieser andere die nach dem ersten Absatze dem Besitzer zustehende Rechte." setze ich meinen

§ 4.

Wenn jemand eine Sache im Auftrage oder mit Erlaubniss des Berechtigten in Benützung hat, so hat auch letzterer gegen den eigenmächtigen Entzieher die in den §§ 1—3 genannten Rechte, und zwar wenn jener die Sache nicht wieder haben will, für sich.

§ 823 „Durch die Erhebung der Besitzklage wird die Erhebung der Klage aus dem Recht, durch die Erhebung der Klage aus dem Recht die Erhebung der Besitzklage nicht gehindert.

Wird in dem über das Recht anhängig gewordenen Processe früher rechtskräftig entschieden, als im Besitzprocesse, so
ist, wenn und soweit die im Besitzprocesse als verbotene Eigenmacht gerügte Handlung dem durch die Entscheidung in dem
ersteren Processe festgestellten Rechte entspricht, die Besitzklage in der Hauptsache, vorbehaltlich der über den Kostenpunkt zu treffenden Entscheidung, als erledigt anzusehen."

Der erste Absatz dieses Paragraphen ist absolut überflüssig.

Was den zweiten Absatz anbetrifft, so bedarf es gewiss
keines Paragraphen, um vorzuschreiben, dass die Besitzklage
mit der Entscheidung über das Recht auch entschieden ist, da
ja der Besitz seinem Begriffe nach den Vorbehalt zu Gunsten
des Besserberechtigten, d. i. besser, als durch die blosse Tatsache der Gewalt und Benützung Berechtigten, enthält. Höchstens
lohnte es sich den Kostenpunkt besonders zu normiren.

www.ingramcontent.com/pod-product-compliance
Lightning Source LLC
Chambersburg PA
CBHW020545270326
41927CB00006B/720